Das Ganze verstehen – Vernetztes Denken in BWL und VWL

Theorie · Komplexe Praxisbeispiele · Aufgaben

Roland Waibel und Urs Mauchle

2., aktualisierte und überarbeitete Auflage

Versus · Zürich

Roland Waibel, PD Dr. oec. HSG, lehrte von 2002 bis 2021 an der OST Ostschweizer Fachhochschule als Professor für Betriebswirtschaft und Unternehmensführung und leitete seit 2006 das Institut für Unternehmensführung (IFU-OST). Zuvor während elf Jahren Lehrbeauftragter und Projektleiter an der Universität St. Gallen (HSG), 2003 Habilitation an der Universität St. Gallen. Durch seine umsichtige, wertschätzende Führung, seine Fachexpertise und sein leidenschaftliches Engagement als Hochschullehrer hatte er das Departement Wirtschaft der OST Ostschweizer Fachhochschule massgeblich mitgeprägt.

Urs Mauchle, Dr. rer. soc. HSG, lehrt seit 2011 an der OST Ostschweizer Fachhochschule als Dozent für Volkswirtschaft, Finanzen und Systemisches Management. Seine Forschungsinteressen und Lehrschwerpunkte liegen in den Bereichen Makroökonomie, Finanzen und den Interdependenzen zwischen diesen beiden. Er hat an der Universität St. Gallen zum Thema «Neutrality of Money: An Integrative Economic Ethics and Post-Keynesian Perspective» promoviert. Neben seiner Tätigkeit als Dozent ist er Verwaltungsratspräsident und Mitinhaber der Erich Keller AG.

Bibliografische Information der Deutschen Nationalbibliothek

Die Deutsche Nationalbibliothek verzeichnet diese Publikation in der Deutschen Nationalbibliografie; detaillierte bibliografische Daten sind im Internet über http://dnb.d-nb.de abrufbar.

Weitere Informationen zu Büchern aus dem Versus Verlag unter www.versus.ch

Umschlagbild: «In movimento» von Eleonora Cumer, Bozen 2011;
fotografiert von Martina Zaninelli, 2011
Satz und Herstellung: Versus Verlag · Zürich
Druck: Comunecazione · Bra
Printed in Italy

ISBN 978-3-03909-329-8

Vorwort zur 2. Auflage

Aufgrund der erfreulichen Nachfrage nach diesem Buch hatten Roland Waibel und ich bereits seit einiger Zeit geplant, gemeinsam eine Neuauflage anzugehen. Es kam anders. Völlig überraschend ging Roland im Sommer 2021 für immer von uns. Für die gemeinsame Zeit mit ihm, die Inspiration, sein Feuer für das Systemdenken bin ich unglaublich dankbar. Für mich war es keine Frage, dass sein Werk auch nach seinem Tod weiterleben muss.

Die vorliegende Neuauflage wurde hinsichtlich zweier Punkte aktualisiert. Erstens wurden alle Aufgaben inhaltlich aktualisiert, die meisten wurden aber nur marginal angepasst. Zweitens wurden, wo nötig, Aufgaben grundlegend überarbeitet. Dies betrifft lediglich die Aufgabe 3-5 Nationalbank: Transmission der Geldpolitik.

Lösungen zu den Aufgaben

Die Lösungen zu den Aufgaben können von Dozierenden bei Urs Mauchle (urs.mauchle@ost.ch) angefordert werden.

Dank

Dem Team des Versus Verlages danke ich für die unkomplizierte, angenehme und sehr kompetente Zusammenarbeit. Annett Waibel-Hauschild danke ich für das in mich gesetzte Vertrauen, dass ich Rolands Werk in seinem Sinne weiterführe.

St. Gallen, im März 2023

Dr. Urs Mauchle

Vorwort zur 1. Auflage

«Das Systemdenken macht den subtilsten Aspekt der lernenden Organisation deutlich – dass Menschen sich selbst und ihre Welt mit anderen Augen sehen.» *Peter Senge*

Im Gedicht «The blind men and the elephant» von John Godfrey Saxe wollen sechs blinde Männer verstehen, was ein Elefant ist. Alle betasten das Tier, kommen aber zu ganz unterschiedlichen Ergebnissen: Der erste berührt die Seite und meint, eine Wand vor sich zu haben. Der zweite befühlt den Stosszahn und glaubt, es handle sich um einen Speer. Der dritte hält das unbekannte Tier wegen seines Rüssels für eine Schlange, der vierte aufgrund seines stämmigen Beins für einen Baum, der fünfte, der ein Ohr ertastet, für einen Fächer, und der sechste, der den Schwanz erwischt, vermutet darin ein Seil. Jeder der sechs Blinden hat auf seine Weise recht, und dennoch erfasst keiner von ihnen die Gesamtheit des Elefanten. Bei wirtschaftlichen Problemstellungen ergeht es uns oft auch so: Wir erfassen einen Teil, die gesamte Wirkungsweise bleibt uns aber verborgen, weil wir das zugrunde liegende System zu wenig erkennen.

Das vorliegende Arbeitsbuch hat die Förderung des Systemdenkens zum Ziel. In der von Hans Ulrich begründeten St. Galler Tradition sind wir überzeugte Verfechter des systemorientierten Ansatzes, um komplexe betriebs- und volkswirtschaftliche Probleme adäquat angehen zu können. Ein Unternehmen ist ein komplexes System, wobei je nach Blickwinkel auch betriebliche Teilsysteme oder umfassendere (Umwelt-)Strukturen (wie Märkte, Konkurrenten oder Branchen) im Fokus sind. Die Summe aller Unternehmen und weitere Akteure sind Teile des Gesamtsystems Volkswirtschaft. Ohne Systemverständnis und entsprechende Handlungskompetenzen können komplexe betriebs- und volkswirtschaftliche Probleme nicht angemessen behandelt werden. In bisherigen Arbeiten[1] haben wir eine sehr systemische Sicht von Management eingenommen: Danach bedeutet Unternehmensführung, in einem unternehmerischen Gesamtsystem Ziele mit den verfügbaren Hebeln unter Beachtung von nicht veränderbaren Rahmenbedingungen zu erreichen. Eine systemische Qualität hat Management dann, wenn Führungskräfte dank fundiertem Verständnis für die Zusammenhänge ihre Ziele zur gewünschten Zeit, wirksam (effektiv) und mit geringem Aufwand (effizient) erreichen. Dies ist möglich, wenn die Führungskräfte die Wirkungen ihrer Handlungen (bzw. von Rahmenbedingungen) auf die Ziel- und Messgrössen des Unternehmens richtig abschätzen können. Voraussetzung ist, dass sie «ihr Geschäft verstehen», das heisst, das System und

---

1 Vgl. Lehrbuch Waibel R. & Käppeli M. (2019), Betriebswirtschaft für Führungspersonen. Die Erfolgslogik des unternehmerischen Denkens und Handelns. Zürich: Versus, sowie Waibel R. & Käppeli M. (2021), Betriebswirtschaft für Führungskräfte. Fallstudien und Übungen. Zürich: Versus. Im Lehrbuch wird ein generisches Netzwerk grundlegender betriebswirtschaftlicher Zusammenhänge mit den entsprechenden Hebeln, Indikatoren und Rahmenbedingungen modular aufgebaut und erläutert.

seine Dynamik begreifen und sinnvoll Einfluss ausüben. Dasselbe gilt für Akteure im volkswirtschaftlichen Gesamtsystem.

Wir haben den Eindruck, dass in der BWL- und VWL-Ausbildung der Blick auf das dynamische Ganze zu kurz kommt. «Jenseits der Praxis» titelte ein Artikel in der Handelszeitung (23.2.2012, S. 15) und kam zum Schluss: Die BWL-Ausbildung ziele immer mehr an den benötigten Fähigkeiten vorbei, weil sie kein Gesamtbild vermittle. Tatsächlich werden auch nach unserer Erfahrung in der Ausbildung in spezifischen Disziplinen (wie Marketing oder Produktion, Mikroökonomie oder Aussenwirtschaft) eingegrenzte Problemstellungen meist analytisch angegangen und isoliert zerlegt. Während am Anfang der Bildungslaufbahn noch das grosse Ganze im Zentrum stand, wird das Wissen bei fortschreitender Bildungsbiografie immer stärker in Disziplinen und Fächer aufgeteilt. Die Synthese im Systemmodell bleibt in der Regel aus. Diese ist allerdings zunehmend nötig. Am Schluss werden die Absolventen ins Leben entlassen, um Probleme zu bewältigen, die meist so komplex sind, dass sie durch disziplinenspezifisches Wissen allein nicht zu lösen sind. Im erwähnten Artikel wird der Chef eines Werbemultis zitiert: Führungskräfte müssten heute «in chaotischen, vernetzten und hierarchiearmen Unternehmen zurechtkommen». Eine Förderung des Systemdenkens an konkreten Beispielen zielt darauf ab, «Ganzheiten» zu erkennen.

Nebst der Auffächerung des Kanons gibt es ein zweites Haupthindernis für die praktische Umsetzung: Lehrende finden kaum didaktisch aufbereitetes Unterrichtsmaterial, um konkrete Problemstellungen aus der Praxis mit der Methodik des vernetzten Denkens anzugehen. Das vorliegende ökonomische Hologramm will der interessierten Lehrperson auf der Grundlage einer kurzen Theorie komplexe Beispiele aufzeigen, welche eine systemische Sicht in BWL und VWL ermöglichen und entsprechende Fähigkeiten fördern. Unsere Hoffnung ist, dass unsere Sammlung von praktischen Aufgabenstellungen einen Beitrag leisten kann, junge Menschen mit dem erforderlichen Rüstzeug für die Bewältigung komplexer Gegenwarts- und Zukunftsprobleme auszustatten. Ein kleiner Schritt auf dem Weg des Lebens dahin, zu erkennen, was nach Goethe «die Welt im Innersten zusammenhält». (...)

Dem Team des Versus Verlages danken wir für die langjährige, gute und vertrauensvolle Zusammenarbeit, das sorgfältige Lektorat und die attraktive grafische und künstlerische Gestaltung. Ein besonderer Dank geht an unsere Familien, die uns die Zeit für unser Steckenpferd gewährt haben.

St. Gallen, im April 2012

Prof. Dr. Roland Waibel und Dr. Daniel Beyeler

Inhaltsverzeichnis

1 Vernetztes Denken in Systemen

1.1 Die Welt mit neuen Augen sehen

Was hat eine Hitzewelle in Russland mit dem Brotpreis in Ägypten zu tun? Oder mit der Spekulation an Rohstoffmärkten? Mit einem Bevölkerungsaufstand in Tunesien? Aus der Chaostheorie kennen wir das eindrückliche Bild für die zunehmende Vernetzung der Welt: Der Flügelschlag eines Schmetterlings auf der einen Seite der Erde kann auf der anderen Seite einen Sturm auslösen. Lange Zeit konnte man sich damit trösten, dass die Realität etwas weniger dramatisch sei. Aber in den letzten Jahren haben wir tatsächlich miterlebt, wie stark viele Geschehnisse miteinander verknüpft sind: Zum Beispiel kam es im Sommer 2010 in Russland, einem der grössten Weizenexporteure der Welt, zur schlimmsten Dürre seit hundert Jahren. Die extreme Wetterlage führte nicht nur zu verheerenden Waldbränden, sondern liess auch das Ackerland austrocknen. Die Schäden für die Weizenernte waren so gravierend, dass die russische Führung ein einjähriges Exportverbot für Weizen verhängte. Die Folge war ein rasanter Preisanstieg, auch durch zunehmende Spekulation ausgelöst. Im selben Jahr kam es in Australien – ebenfalls ein wichtiger Weizenexporteur – zu massiven Überschwemmungen. Im Mittleren Westen der USA und in Kanada beeinträchtigten schwere Regenfälle die Maisernte. Und die Jahrhundertflut in Pakistan, die ein Fünftel des Landes unter Wasser setzte, verschreckte die Märkte und liess die Spekulanten frohlocken.

In dieser Situation schossen in Ägypten die Lebensmittelpreise in die Höhe. Die anschliessende Krise – ausgelöst unter anderem durch das teurer gewordene Brot – mündete in den Aufstand, der das Mubarak-Regime zu Fall brachte. Die Ereignisse in Tunesien und Ägypten strahlten auch auf das Nachbarland Libyen aus, wo der Ausbruch des Bürgerkriegs zur Intervention der Nato führte, was den fast vollständigen Ausfall der libyschen Ölproduktion von täglich 1,4 Millionen Barrel zur Folge hatte. Das liess den Preis für Rohöl auf bis zu 125 Dollar pro Barrel ansteigen, was wiederum eine neue Spekulationswelle auf den Nahrungsmittelmärkten auslöste, die den Getreidepreis weiter in die Höhe trieb.

Ägypten ist der grösste Weizenimporteur der Welt, Algerien, Marokko und Tunesien liegen nur knapp dahinter. Der arabische Frühling begann in Tunesien, wo steigende Lebensmittelpreise, die hohe Arbeitslosigkeit und die wachsende Kluft zwischen Reichen und Armen zu gewaltsamen Strassenunruhen führten, die den autokratischen Herrscher Ben Ali aus dem Land fegten. Zwischen Juni 2010 und Juni 2011 verdoppelte sich der Weltmarktpreis für Getreide nahezu, was für viele Regionen der Erde eine Katastrophe darstellt. Im selben Zeitraum wurden mehrere Regierungen gestürzt, kam es in vielen Hauptstädten – von Bischkek bis Nairobi – zu gewaltsamen Protesten und in mehreren Ländern wie Libyen, Jemen, Syrien und Sudan zu neuen Bürgerkriegen.[1]

Es gibt viele weitere Beispiele. So brach im Frühling 2010 in Island der Vulkan Eyjafjallajökull aus, der praktisch den ganzen Flugverkehr in Europa lahmlegte und viele weitere ökonomische und gesellschaftliche Folgewirkungen hatte. Man konnte kaum glauben, dass ein geografisch völlig abgelegener Vulkan dazu führen kann, dass im zentralen Europa plötzlich fast alles stillsteht.

In jüngster Zeit ist es die Coronakrise von 2020, die, einer Naturkatastrophe gleich, die gesamte Welt gleichzeitig erfasst hat. Auch die Schweiz, seit der Spanischen Grippe vor hundert Jahren quasi als Insel der Glückseligen von Pandemien verschont, wurde massiv getroffen. Corona ist der grösste globale Schock seit dem Zweiten Weltkrieg. Noch nie wurde so deutlich, dass wir in einer VUKA-Welt[2] von komplexen, ineinander verschachtelten Systemen leben. Was mit dem partiellen bis totalen Corona-Lockdown im März 2020 in den meisten Ländern der Erde geschehen ist und wie stark diese *Volatilität* unser aller Leben – vom Lockdown über Homeoffice, Social Distancing bis zu Einkommenseinbussen oder Arbeitslosigkeit – verändert hat, hätte niemand für möglich gehalten. In den USA haben sich innert vier Wochen 22 Millionen Menschen arbeitslos gemeldet. In einem Monat wurden in den

1 Quelle: Taz.de vom 3.10.2011.

2 Das Akronym VUKA steht für Volatilität (Unbeständigkeit, grosse Schwankungen), Unsicherheit (Ungewissheit der Entwicklung), Komplexität (hohe Dynamik und viele Variablen, die sich gegenseitig beeinflussen) und Ambiguität (Mehrdeutigkeit, die unterschiedliche Interpretationen zulässt).

Vereinigten Staaten die Anzahl Jobs ausradiert, die seit der letzten globalen Krise innert zehn Jahren mühsam aufgebaut wurden. In keiner Rezession seit der Grossen Depression der 1930er-Jahre ist Vergleichbares passiert. Wie sich das Leben privat, im Job und in der Gesellschaft in den dem Pandemieausbruch folgenden Wochen und Monaten entwickelte, war höchst *unsicher* und ist es auch nach der Krise immer noch. An einer Mitgliederumfrage, die im April 2020 vom Branchenverband Schweizer KMU-Exporteure durchgeführt wurde, stufte jedes sechste KMU das Risiko eines Konkurses in den nächsten zwölf Monaten als «gross» oder «sehr gross» ein.[1] Die Sache ist *hyperkomplex:* Von der Gesundheit über die Wirtschaft bis zum Staat hängt in der global vernetzten Corona-Krise alles mit allem zusammen. Zudem wimmelt es nur so von *Ambiguitäten:* Man sollte gleichzeitig das eine tun (die Wirtschaft nicht zu stark drosseln) und das andere nicht lassen (die Gesundheit schützen), obwohl beides nicht gleichzeitig zu haben ist. Als die Corona-Neuansteckungen zurückgingen: Wann können die Betriebe in welchem Mass wieder geöffnet werden? Wie viel Normalität verträgt die fragile Gesundheitslage? Auch als sehr viele Zahlen und Daten auf dem Tisch lagen, waren die Entscheidungsgrundlagen mehrdeutig, ein Gleichungssystem mit vielen Unbekannten.

Die Beispiele zeigen: Wir leben in einer sehr komplexen Welt und spüren die Auswirkungen zunehmend und unmittelbar. Die Komplexität überfordert uns oft. Scheinbar häufen sich die Beispiele von «systemischen Krisen»: Probleme wie die globale Erwärmung, die Verschuldung der Industrieländer, der internationale Drogenhandel oder der Ukraine-Krieg stellen Herausforderungen dar, die keine simplen, lokal begrenzten Ursachen und Konsequenzen haben.

Welche Möglichkeiten stehen uns zur Verfügung, diese immer komplexer werdende Welt zu verstehen?

Ausgangslage: Analyse ist in einer komplexen Welt nicht ausreichend

In der abendländischen Tradition wird seit jeher versucht, der Komplexität mittels gründlicher Analyse zu begegnen. Das kartesianische Denken basiert auf linearer Kausalität und offensichtlichen Beziehungen zwischen Ursache und Wirkung. Herausfordernde Problemstellungen werden disziplinenorientiert, also auf der Grundlage von spezifischem Fachwissen aufgegliedert, seziert und präpariert. Die Idee dahinter ist, die Funktionsweise der einzelnen Teile zu verstehen, danach diese Einzelverständnisse zusammenzufügen und so das Ganze zu erhellen. Das ist allerdings oft unzureichend: Dörner[2] erkannte in seinen Forschungen, dass anspruchsvolle Problemstellungen nicht nur komplex sind, sondern

---

1 Swiss Export (2020), abgerufen unter https://swiss-export.com/de/downloads/diverses/resultate-der-swiss-export-mitgliederumfrage-von-april-2020.pdf

2 Dörner D. (2004): Die Logik des Misslingens. Strategisches Denken in komplexen Situationen. Reinbek: Rowohlt.

meist auch intransparent und dynamisch. Man sieht nicht alles Wesentliche, und das Problem verändert sich mit der Zeit. Kurz: Das Ganze ist mehr als die Summe seiner (sichtbaren) Einzelteile. Bei der differenzierten Analyse kann der Gesamtzusammenhang verloren gehen.

Nun setzt sich die Welt nicht aus vielen isolierten Einzelelementen zusammen, deren Ursachen und Wirkungen für sich ablaufen, sondern aus miteinander vernetzten Systemen. Diese weisen bestimmte Eigenschaften auf, die sich aus den Wirkungsbeziehungen ihrer Elemente und deren dynamischer Entwicklung ergeben.

Selten können Wirkungen auf einzelne Ursachen allein reduziert werden. Analyse ist notwendig, alleine aber nicht hinreichend. Wenn man ein System zerlegt und die Teile differenziert untersucht, sind weder die Identität noch die spezifischen Eigenschaften zu erkennen. Es braucht zusätzlich die Synthese, den Blick aufs dynamische Gesamte.

Beispiel: Drogenproblem

In vielen Ländern stellen Drogen ein gesellschaftliches Problem dar. Im reduktionistischen Ursache-Wirkungs-Denken stellt Repression eine Lösung dar, die in aller Regel schnelle erste Erfolge liefert: Werden genug Mittel für Polizei, Drogenverfolgung usw. eingesetzt, verringern sich die wahrnehmbaren Drogeneffekte (wie angebotene Drogenmenge auf dem Markt oder Anzahl Dealer) kurzfristig spürbar. Das Drogenproblem scheint kleiner geworden zu sein. In Tat und Wahrheit ist das Gegenteil der Fall, wie verschiedene Folgewirkungen zeigen:

- Die Angebotsreduktion lässt die Preise stark steigen. Die Folge ist, dass die Drogenkriminalität noch zunimmt, da die Süchtigen mehr für ihre Drogen zahlen müssen und den Drogenbaronen höhere Profite winken.
- Die durch die Repression erzeugten, hohen Margen versetzen den internationalen Drogenhandel in die Lage, Verluste durch Repression problemlos zu verkraften. Mit dem Gewinn wächst die Geschäftsmotivation, und die angebotene Menge steigt wieder an.
- Festgenommene Strassendealer werden rasch durch neue ersetzt. Da das Risiko der Drogenhändler gestiegen ist, werden zum Risikoausgleich mehr Drogenhändler mit kleineren Mengen eingesetzt. Für die Polizei wird es schwieriger, Drogen zu finden und zu beschlagnahmen.

Das Drogengeschäft ist gewaltig, hochflexibel und sehr anpassungsfähig. Mit linearem, reduktionistischem Denken im Sinne von «grösseres Drogenproblem bedingt mehr Repression bedeutet weniger Drogen» ist dem meist durch das organisierte Verbrechen beherrschten System nicht beizukommen. Werden die ursächlichen Zusammenhänge nicht erkannt, so begegnet man den Problemen oft mit Reparaturverhalten. Weil aber dabei nur Symptome bekämpft werden, treten die Probleme immer wieder, manchmal sogar verstärkt auf. Die Reaktionen sind zudem oft hektisch, kurzfristig ausgerichtet und meist sehr einseitig. Mit Repression allein ist dem Drogenproblem nicht beizukommen.

Das Beispiel zeigt, dass komplexe Probleme in aller Regel ein Umdenken erfordern. Es braucht für angemessenere Lösungen

- die Wahrnehmung von Wechselbeziehungen statt linearer Ursache-Wirkungs-Ketten und
- die Wahrnehmung von Veränderungsprozessen statt Momentaufnahmen.

Dies erfordert den Einsatz von systemischem Denken.[1] Systemisches, vernetztes Denken ermöglicht eine Perspektive, die Welt ganzheitlich zu sehen und Hebel in komplexen Situationen zu erkennen.

Lösungsansatz: Systemdenken ist notwendig

Ein System besteht aus verschiedenen Teilen (Systemelementen) und weist bestimmte Eigenschaften auf, die sich aus den Wirkungsbeziehungen der Teile und der dynamischen Entwicklung ergeben. Das System hat also eine eigene Identität, weil das Ganze mehr ist als die Summe der Einzelteile. Wenn man ein System in seine Teile zerlegt und einzeln untersucht, findet man die Eigenschaften nicht mehr. Systeme haben Grenzen, sie lassen sich voneinander unterscheiden (wobei die Grenzziehung vom Betrachter bzw. der Perspektive abhängt). Bei lebenden Systemen (zum Beispiel einem Menschen oder Tier) ergibt sich die Abgrenzung von selbst, bei sozialen Systemen (wie ein Unternehmen oder eine Familie) ist diese nicht immer offensichtlich. Gehören Fremdkapitalgeber noch zum Unternehmen und das Au-pair zur Familie? Je nach Fragestellung wird die Antwort unterschiedlich ausfallen.

Insgesamt kann zusammengefasst werden:[2]

- Systeme bestehen aus einzelnen Teilen, den Systemelementen.
- Diese Elemente stehen untereinander in Beziehung. Sie sind voneinander abhängig, wobei die Beeinflussung nicht linear sein muss.
- Unterschiedliche Systeme haben verschiedene Eigenschaften, Identitäten und Systemgrenzen.
- Die Vernetzungen bewirken, dass das System sich dynamisch verhält und sich im Lauf der Zeit verändert.
- Gewisse, zum Beispiel lebende Systeme sind in beschränktem Masse fähig zu Selbstorganisation und -regulation.
- Systeme reagieren nicht immer intuitiv und können oft an unerwarteten Ansatzpunkten beeinflusst werden.

---

1 Vgl. zum Problem der Drogenrepression die Aufgabe 3-3.

2 Frischknecht-Tobler U., Kunz P. & Nagel U. (2008): Systemdenken – Begriffe, Konzepte und Definitionen. In: Frischknecht-Tobler U., Nagel U. & Seybold H. (Hrsg.): Systemdenken. Wie Kinder und Jugendliche komplexe Systeme verstehen lernen. Zürich: Verlag Pestalozzianum.

In unserer wirtschaftlichen Perspektive stehen die sozialen Systeme «Unternehmen» sowie «Volkswirtschaft» im Vordergrund. Nicht nur sind deren Grenzen deutlich weniger erkennbar bzw. klar als bei lebenden Systemen. Sie weisen auch sonst besondere Eigenschaften auf:[1] Sie sind unsichtbar, meist subtil vernetzt und hochgradig rückgekoppelt, schwer zu durchschauen und in der Regel auch schwer zu regulieren. Dabei kann dieser Einfluss nicht im technischen Sinne ein «Steuern» sein, sondern eher ein Beeinflussen von möglichen Lenkbarkeiten. Soziale Systeme weisen oft eine starke Eigendynamik auf und sind in aller Regel komplex (das heisst, die Elemente sind stark untereinander bzw. mit der Umwelt verknüpft). Das System hat also ein Eigenleben und reagiert dynamisch auf Veränderungen der Umwelt.

Systemdenken begreift die Welt als Zusammenspiel der Teile und Erscheinungen in einem Ganzen. Es ist nach Lyneis der Versuch, sowohl den Wald als auch die Bäume zu sehen, gegenseitige Abhängigkeiten und Wechselwirkungen zu identifizieren und Muster aufzudecken, statt sich auf isolierte Strukturen zu konzentrieren.

Ziel ist, in einer systemdurchdrungenen Welt komplexe Situationen besser zu verstehen und Probleme mit dem richtigen Werkzeugkasten anzugehen. Dazu braucht es die Fähigkeit zum vernetzten Denken und Handeln (oder, meist synonym gebraucht, zum systemorientierten Denken bzw. komplexen Problemlösen). Immer wieder zeigen Managementbefragungen weltweit, dass diese Fähigkeit zu den Schlüsselkompetenzen der Zukunft gezählt wird. Oft wird sie sogar als die wichtigste Kernkompetenz eingeschätzt, um für die künftigen globalen Probleme gerüstet zu sein. Die Definition der schweizerisch-deutschen Forschergruppe SYSDENE (Systemisches Denken für eine nachhaltige Entwicklung) bringt es auf den Punkt:[2]

«Systemisches Denken ist die Fähigkeit, komplexe Wirklichkeitsbereiche als Systeme zu beschreiben, zu rekonstruieren und zu modellieren und auf der Basis der Modellierung Erklärungen zu geben, Prognosen (…) zu treffen und Handlungsmöglichkeiten zu entwerfen und zu beurteilen.»

Systemisches Denken umfasst also vier Kompetenzbereiche:

1. Systeme mit ihren Elementen, Wechselbeziehungen und Grenzen zu erfassen (Modell beschreiben),
2. dynamische Veränderungen im Zeitablauf zu erkennen (Dynamik erfassen),

---

1 Wagner R. (2002): Vermittlung systemwissenschaftlicher Grundkonzepte. Berlin: Diplomarbeit Universität Graz.

2 Bollmann-Zuberbühler B. & Kunz P. (2008): Ist systemisches Denken lehr- und lernbar? In: Frischknecht-Tobler U., Nagel U. & Seybold H. (Hrsg.): Systemdenken. Wie Kinder und Jugendliche komplexe Systeme verstehen lernen. Zürich: Verlag Pestalozzianum.

3. aufgrund der Systemmodellbeschreibung gedankliche Strategien zu entwickeln und Voraussagen zu machen (Prognosen treffen) sowie
4. sinnvolle Handlungsentwürfe auszuarbeiten und zu bewerten (Handlungsmöglichkeiten beurteilen).

Die ersten beiden Fähigkeiten beziehen sich auf das dynamische Verständnis des Systems im abgebildeten Modell. Wichtig ist allerdings, dass systemorientiertes Denken auch als handlungsleitende Kompetenz begriffen wird. Systeme weisen die Fähigkeit auf, sich mittels Rückkoppelungen in einem mehr oder weniger stabilen Zustand zu erhalten bzw. durch Eingriffe reguliert zu werden. In einem handlungsorientierten Verständnis ist deshalb die Weiterentwicklung von bestehenden Fähigkeiten wichtig, komplexe Probleme zu lösen und damit in Systeme gezielt einzugreifen und sie reflektiert zu beeinflussen. Bei komplexen Fragestellungen bestehen Zielkonflikte und das System ist nicht vollständig beherrschbar. Es gibt keine berechenbare beste Lösung. Aber: Weil das Verhalten des Systems nicht berechenbar ist, bedeutet dies nicht, dass es «unberechenbar» im Sinne völlig willkürlichen Verhaltens wäre. Wir können das System durch gezielte Eingriffe in die gewünschte Richtung beeinflussen.

1.2 Elemente des systemischen Denkens

Was braucht es, um die Welt mit neuen Augen zu sehen? Beim systemischen Denken handelt es sich um einen Ansatz, der sich bemüht, Zusammenhänge in der Welt ganzheitlich zu erklären. Verschiedene Konzepte und Werkzeuge helfen bei der konkreten Umsetzung des vernetzten Denkens. Diese werden nachfolgend skizziert.

Denken in Kausalitätskreisen

Eine erste Herausforderung für den Systemdenker in uns ist die Neigung zum linearen Ursache-Wirkungs-Denken: Die Realität besteht aus Kreisen, wir aber sehen gerade Linien. Peter Senge[1] illustriert dies am Beispiel, wenn ein Glas Wasser gefüllt wird. Entgegen dem ersten Eindruck handelt es sich dabei um ein «Wasserregulierungs-System» mit fünf Variablen: der gewünschte Wasserpegel, der aktuelle Wasserstand im Glas, die Lücke zwischen beiden, die Stellung des Wasserhahns und der Wasserfluss. Diese Variablen sind in einem Kreis von Ursache-Wirkungs-Beziehungen angeordnet. Das ist der sogenannte «Feedbackprozess». Der Prozess läuft kontinuierlich weiter, um den Wasserpegel auf den gewünschten Stand zu bringen.

1 Senge P. (2011): Die fünfte Disziplin. Kunst und Praxis der lernenden Organisation. Stuttgart: Schäffer-Poeschel.

So einfach das Konzept der Feedbackschleife ist, stellt es doch tiefverwurzelte Vorstellungen auf den Kopf, zum Beispiel die Vorstellung von Kausalität. Im Alltag sagen wir: «Ich fülle ein Glas mit Wasser», ohne lange über die wirkliche Bedeutung dieser Aussage nachzudenken. Tatsächlich meint sie eine lineare Einwegkausalität: «Ich bin die Ursache dafür, dass der Wasserstand steigt.» Allerdings beschreibt diese Aussage nur die Hälfte des Rückkoppelungsprozesses, nämlich die Verbindung zwischen «Stellung des Wasserhahns», «Wasserfluss» und «Wasserpegel». Die andere, nicht minder wichtige Hälfte des Prozesses heisst aber: «Der Wasserpegel im Glas steuert meine Hand.» Erst jetzt ist das einfache System korrekt beschrieben.

Was lässt sich aus diesem Beispiel erkennen? Unsere Sprache, die die Wahrnehmung prägt, begünstigt mit ihrer Subjekt-Prädikat-Objekt-Struktur eine lineare Denkweise. Gleichzeitig sehen wir uns selbst als Zentrum der Aktivität. «Ich fülle ein Glas mit Wasser» suggeriert eine Welt von menschlichen Akteuren, die im Mittelpunkt des Geschehens stehen. Wie wir wissen, stellt dies erst die Hälfte der Realität dar. Aus der Systemperspektive ist der menschliche Akteur ein Teil des Feedbackprozesses und nicht davon getrennt. Dies ist mit einem grundlegenden Bewusstseinswandel verbunden. Diese neue Perspektive öffnet uns die Augen dafür, wie wir kontinuierlich von unserer Realität beeinflusst werden, so, wie wir kontinuierlich unsere Realität beeinflussen.

Dies bedeutet im Drogenbeispiel: Es ist nicht nur so, dass die Aktivitäten der Drogenanbieter, welche die Wahrnehmung des Problems prägen, linear zum Bekämpfungsansatz der Repression führen. Diese lineare Sicht suggeriert ein simples, genau zu lokalisierendes Zentrum der Verantwortung: «Das Verhalten der Drogenmafia lässt uns gar keine Wahl, als zu repressiven Mitteln zu greifen.» In der systemischen Sicht trifft auch zu, dass die Repression das Verhalten der Drogenkartelle beeinflusst und insofern genauso verantwortlich für die wahrgenommene Situation ist. Die Feedbackperspektive besagt, dass alle Beteiligten für die Probleme verantwortlich sind, die von einem System erzeugt werden. Dies bedeutet nicht, dass alle Beteiligten dieselben Lenkbarkeiten ausüben können, um das System zu ändern. Aber es bedeutet, dass die Suche nach Sündenböcken, wie sie gerade in sehr individualistischen Kulturen wie den USA gerne betrieben werden, in eine Sackgasse führt. «Wer ist schuld?» ist in einer systemischen Sichtweise meist keine sinnvolle Frage.

Grafische Darstellung in Feedbackdiagrammen

Systemisches Denken ist eine Herausforderung für die oft zur Linearität neigende Sprache. Wenn wir versuchen, selbst das einfachste System einigermassen präzise mit Worten zu beschreiben, klingt dies ziemlich holperig: «Wenn ich ein Wasserglas fülle, gibt es einen Feedbackprozess, der mich dazu bringt, am Wasserhahn zu drehen, was den Wasserfluss reguliert, was wiederum den Wasserstand im Glas verändert. Ziel des Vorgangs ist es, dass der Wasserpegel auf den von mir gewünschten Stand ansteigt.» Wenn es bereits schwierig ist, ein sehr einfaches System in Worte zu fassen, dürfte dies für die vielfältigen Feedbackprozesse beispielsweise in einem Unternehmen praktisch unmöglich sein.

Um Systeme möglichst einfach lesbar und nachvollziehbar darzustellen, wird in der Regel eine grafische Form gewählt, für die unterschiedliche Begriffe geläufig sind. In diesem Buch wird synonym von Feedbackdiagrammen, Wirkungsdiagrammen oder Netzwerken gesprochen. Dabei werden die Beziehungen zwischen den relevanten Elementen eines Systems mittels Pfeilen dargestellt. Ein Pfeil steht für eine kausale Verbindung. Die Variablen werden sprachlich so bezeichnet, dass eine Veränderung möglich ist, das heisst, die einzelne Grösse zu- bzw. abnehmen kann.

Gleichgerichtete Beziehungen vom Typ «je grösser Variable 1, desto grösser Variable 2» bzw. «je kleiner Variable 1, desto kleiner Variable 2» werden in der Regel mit einem Pluszeichen (+) bezeichnet. Um die grafischen Darstellungen so einfach und übersichtlich wie möglich zu halten, wird das Pluszeichen im vorliegenden Buch weggelassen. Alle Beziehungen, welche gleichgerichtet sind, werden entsprechend «nur» mit einem Pfeil gekennzeichnet.

Entgegengerichtete Beziehungen vom Typ «je grösser Variable 1, desto kleiner Variable 2» bzw. «je kleiner Variable 1, desto grösser Variable 2» werden in der Regel mit einem Minuszeichen (–) bezeichnet. Dies entspricht keiner Wertung, eine solche Beziehung ist also nicht etwa negativ. Das Minuszeichen besagt einzig, dass der Einfluss in die andere Richtung weist.

Das nachfolgende Beispiel eines sehr einfachen Modells zur Erklärung des menschlichen Körperumfangs zeigt eine solche grafische Darstellung in einem Netzwerk auf.

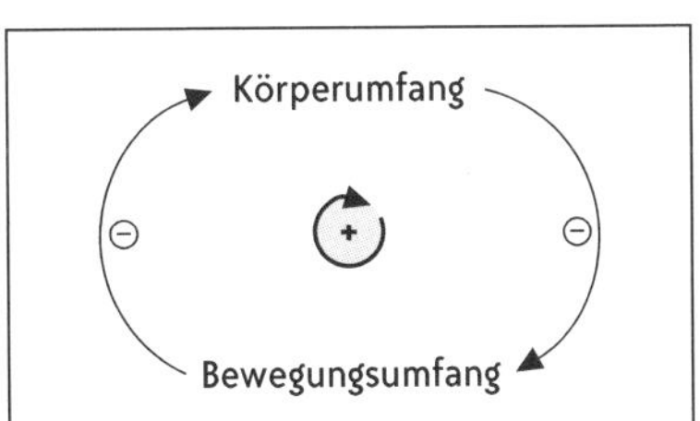

Das Systemmodell besagt also, dass der Bewegungsumfang abnimmt, wenn der Körperumfang zunimmt, und dieser wiederum bei sinkendem Bewegungsumfang weiter wächst. Dieses einfachste Zwei-Variablen-Modell hat selbstredend seine Grenzen hinsichtlich Erklärungskraft: Beispielsweise stimmt die Aussage bei sinkendem Körperumfang und steigendem Bewegungsumfang nur bis zu einer «Fitnessschwelle»: Mehr Bewegung führt danach nicht mehr automatisch zu geringerem

Körpergewicht. Dennoch hat dieses einfache Modell gerade im umgekehrten Fall eine hohe empirische Voraussagekraft: Es beschreibt die Logik der «Couch Potatoes», also von Menschen, die einen grossen Teil ihrer Freizeit vor dem Fernseher verbringen und dabei immer dicker und bewegungsfauler werden.

Selbstverstärkende Kreisläufe: Motoren

Im Zentrum von Systemdarstellungen stehen Kreisläufe. Sie sind es, die in der Regel die Dynamik des Systems prägen. Um ein Wirkungsdiagramm richtig zu verstehen, muss man vor allem die «Geschichte» erkennen, die das Bild erzählt. Wie erzeugt die dargestellte Struktur ein bestimmtes Verhaltensmuster? Wie könnte man dieses Muster beeinflussen? Wenn man die Vorzeichen der Wirkungsbeziehungen in einem Kreislauf mathematisch multipliziert, resultiert die Grunddynamik der Feedbackschlaufe: Im obigen Beispiel führen zwei Minus multipliziert zu einem Plus, was bedeutet, dass der Kreislauf selbstverstärkend ist und als «Motor» bezeichnet wird. Multipliziert man alle Vorzeichen der Pfeile, ergibt sich bei einem Motor ein Plus. Dies bedeutet, dass der Kreislauf sich aufschaukelt oder verstärkt. Die Grunddynamik eines solchen Motors ist «Mehr desselben», also Wachstum oder Schrumpfung. Der Prozess geht in eine Richtung und verstärkt sich oft noch zusätzlich. Ein Beispiel ist etwa die Entwicklung der Geldabflüsse bei einer Bank, wenn das Vertrauen der Kunden einen Grenzwert unterschreitet.

Die Darstellung ausgewählter Grössen in einem verstärkenden Rückkoppelungsprozess über die Zeit macht dies deutlich. Die Variable «Körperumfang» des obigen Modells entwickelt sich im Lauf der Zeit entweder positiv oder negativ:

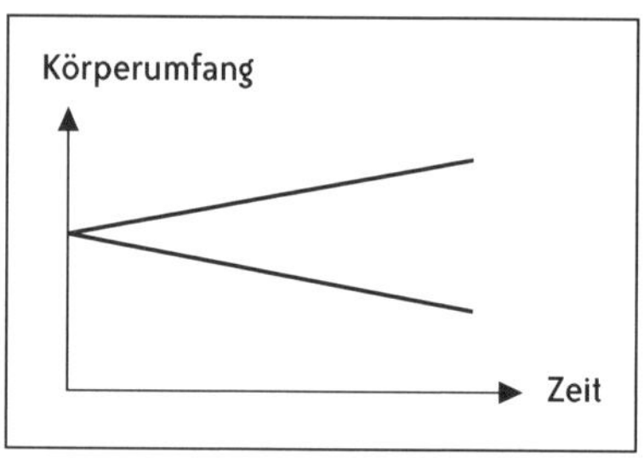

Der Verlauf der Variable eskaliert im Zeitablauf, das heisst, wenn der Bewegungsumfang tatsächlich immer geringer wird, wird der Bauch dicker und dicker (und damit die Hürde für Bewegung grösser und grösser). Damit ist der Teufelskreislauf perfekt. Unterhalb einer gewissen Schwelle kann sich auch ein Engelskreislauf etablieren. Dies ist der Fall, wenn ein sinkender Körperumfang zu mehr Bewegung führt und diese positive Dynamik fortgesetzt wird.

Verstärkende Feedbackprozesse sind die Motoren des Wachstums. Beispiele sind das Wettrüsten zwischen den USA und der UdSSR im

Kalten Krieg, eine Preisunterbietung, welche einen für beide Seiten ruinösen Preiskampf auslöst, oder die Abwanderung aus Bergregionen, welche weitere Abwanderung nach sich zieht. Jeder Teufelskreis ist letztlich nichts anderes als ein sich selbst verstärkender Ursache-Wirkungs-Kreislauf, wie zum Beispiel eine selbsterfüllende Prophezeiung (Jan ist schüchtern und zeigt schlechte Schulleistungen, was die Lehrperson als Unmotiviertheit interpretiert; Jan bekommt weniger Aufmerksamkeit, erbringt noch schlechtere Leistungen und zieht sich weiter zurück usw.).

Wie wir noch zeigen werden, stellen viele angestrebte betriebswirtschaftliche Ziel-Kreisläufe Motoren dar: Die Beteiligten hätten gerne ewiges Wachstum. Natürlich ist es nicht ganz einfach, dies in die Realität umzusetzen. Unsere späteren Beispiele werden diese betriebswirtschaftliche Grundproblematik aus verschiedenen Blickwinkeln thematisieren.

Ausgleichende Kreisläufe: Stabilisatoren

Vernetztes Denken heisst «Denken in Kreisläufen». Bei Systemen stellt sich zu Beginn die zentrale Frage: «Welches ist der Grundkreislauf, der das Ganze (die Problemsituation) antreibt?» Ist dieser ausgleichend, befindet man sich in einem System, das nach Stabilität strebt. Wem das gefällt, wird sich wohlfühlen. Wem nicht, wird sich wahrscheinlich lange vergeblich bemühen, die Situation zu ändern. Sind die Stabilisatoren stark, kann dies systemisch kaum gelingen.

Die Natur strebt nach Gleichgewicht, aber menschliche Entscheidungsträger in sozialen Systemen wie Unternehmen verstossen häufig gegen das Prinzip der Ausgewogenheit – und zahlen dafür den Preis. Müssen Kosten eingespart werden, reduzieren Manager häufig das Personal. Oft muss später festgestellt werden, dass sich die verbliebenen Mitarbeitenden überarbeitet haben und die Kosten mitnichten zurückgegangen sind, weil die übrig gebliebene Arbeit an Berater ausgegliedert wurde oder durch Überstunden kompensiert werden musste. Die Kosten können nicht dauerhaft gesenkt werden, weil das System seinen eigenen Plan verfolgt. Und dieses implizite Ziel ist sehr real, nämlich die Arbeitsmenge, die bewältigt werden muss.

Ein stabilisierendes System korrigiert sich selbst, um ein bestimmtes Ziel oder Ergebnis aufrechtzuerhalten. Stabilisierende Feedbackprozesse sind allgegenwärtig. Komplexe Organismen wie der menschliche Körper umfassen Tausende von kompensatorischen Rückkoppelungsprozessen, die die Temperatur und das Gleichgewicht bewahren, Wunden heilen, unsere Augen an die Lichtverhältnisse anpassen und uns vor Gefahren warnen. Biologisch heisst das Prinzip «Homöostase», das ist die Fähigkeit, die Überlebensbedingungen in einer veränderlichen Umwelt zu bewahren. Die ausgleichenden Rückkoppelungen sorgen dafür, dass wir essen, wenn wir hungrig sind, schlafen, wenn wir müde sind, und einen Pullover anziehen, wenn uns kalt ist.

Wird beispielsweise das Modell des «Couch Potato» auf die Tierwelt übertragen und die Auswirkungen des Körperumfangs eines Raubtiers auf den Beuteerfolg betrachtet, zeigt sich folgender einfache Zusammenhang: Ist der Wolf dünner, kann er schneller rennen und erwischt seine Beutetiere eher. Dies führt dazu, dass er sich vollfressen kann, was nicht nur sein Körpergewicht erhöht, sondern auch seine Geschwindigkeit mindert. Weniger Beute führt nun wieder zu weniger Gewicht und höherer Geschwindigkeit (usw.). Die dazugehörige Grafik sieht wie folgt aus:

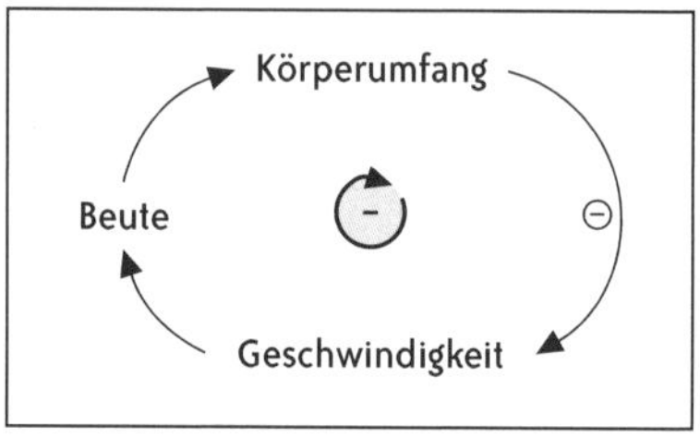

Ein Stabilisator liegt vor, wenn die Multiplikation der Vorzeichen ein Minus ergibt. Die zentralen Kreislaufgrössen schwanken im Zeitablauf um ein Gleichgewicht, wie im genannten Beispiel der Körperumfang des Wolfs.

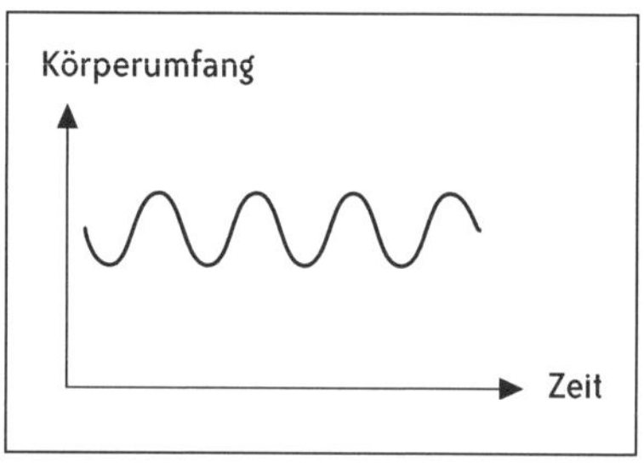

Interpretation der Systemvariablen: Rahmenbedingungen, Hebel, Indikatoren

Gerade in sozialen Systemen stellt sich die Frage der Beeinflussbarkeit durch menschliches Handeln. Wichtig ist dafür eine aktive Interpretation der Systemzusammenhänge in dreierlei Hinsicht:

1. *Welche der Grössen sind Rahmenbedingungen, die nicht zu ändern sind?* Viel zu oft wird über Dinge diskutiert, auf die man keinen Einfluss hat. Diese Variablen stellen von aussen gegebene Rahmenbedingungen dar. Sie werden im Netzwerk oft durch Einrahmen gekennzeichnet.
2. *Welche der Grössen eignen sich als Hebel?* Unter den veränderbaren Grössen werden die lenk- beziehungsweise beeinflussbaren Hebel (Steuer- oder Stellgrössen) bestimmt. Ein Schlüsselfaktor ist lenkbar, wenn er direkt verändert werden kann. Beeinflussbare Schlüsselfaktoren sind nur indirekt veränderbar. Bei der Beurteilung der Schlüsselfaktoren ist es sinnvoll, genau zwischen direkter Lenkbar-

keit und blosser Beeinflussbarkeit zu unterscheiden. Folgendes Beispiel macht den Unterschied deutlich: Bei einem Schiff kann man die Position der Segel und des Steuerruders lenken, nicht aber den Kurs des Schiffes. Diesen kann man über Segel und Ruder nur beeinflussen, er wird auch durch Wind und Strömung bestimmt. In einem Unternehmen stellen Investitionen lenkbare Hebel dar, während sich Innovationen nur durch andere Variablen (wie Forschungsausstattung oder Unternehmenskultur) beeinflussen lassen. Die Hebel sind die Ansatzpunkte für Massnahmen, wobei sich direkt lenkbare Grössen besser für Eingriffe eignen als beeinflussbare Grössen. Allerdings sind die nur beeinflussbaren Grössen in sozialen Systemen oft in der Mehrzahl. Hebel werden in der Regel durch Ovale gekennzeichnet.
3. *Welche der anderen Grössen eignen sich als Indikatoren?* Anhand welcher Erfolgsindikatoren lässt sich der Erfolg der eingeleiteten Massnahmen ableiten? Einige der nicht direkt lenk- oder beeinflussbaren Grössen können als Ziel- oder Messgrössen ausgewählt werden. Diese zeigen den Erfolg der Massnahmen an. Ein Indikator kann dabei entweder selbst als Messgrösse dienen oder es ist notwendig, zum Indikator eine Messgrösse festzulegen: Beispielsweise lässt sich der Umsatz direkt messen, während die Kundenzufriedenheit über die Anzahl wiederkehrender Kunden und die Anzahl der Reklamationen operationalisiert werden könnte. Indikatoren werden im Netzwerk in der Regel unterstrichen dargestellt.

Eine systemische Sicht von Management bzw. Unternehmensführung bedeutet nun, in einem unternehmerischen Gesamtsystem Ziele mit den verfügbaren Hebeln unter Beachtung von nicht veränderbaren Rahmenbedingungen zu erreichen. Management hat dann eine systemische Qualität, wenn Führungskräfte dank fundiertem Verständnis für die Zusammenhänge ihre Ziele zur gewünschten Zeit, wirksam (effektiv) und mit geringem Aufwand (effizient) erreichen. Dies ist möglich, wenn die Führungskräfte die Wirkungen ihrer Handlungen (bzw. von Rahmenbedingungen) auf die Ziel- und Messgrössen des Unternehmens richtig abschätzen können. Voraussetzung ist, dass sie «ihr Geschäft verstehen», das heisst, das System und seine Dynamik begreifen und sinnvoll Einfluss ausüben.[1]

Nichtlinearitäten: schwer durchschaubares Zeitverhalten

Eingriffe in Systeme sind grundsätzlich nicht trivial. Zusätzlich herausfordernder wird es, wenn zur Komplexität zeitliche Nichtlinearitäten dazukommen. Nicht alle zeitlichen Veränderungen sind gleichmässig. Oft ergeben sich exponentielle Veränderungen: am Anfang sind sie nur schwach und nehmen dann im Lauf der Zeit rasant zu. Exponentielle Veränderungen, gerade im Zusammenhang mit sich verstärkender Rückkoppelung, werden oft unterschätzt. Das genannte Beispiel der Entwick-

1 Vgl. Honegger J. (2008): Vernetztes Denken und Handeln in der Praxis. Zürich: Versus.

lung der Geldabflüsse bei einer Bank, wenn das Vertrauen der Kunden einen Grenzwert unterschreitet, kann dies illustrieren: Kippt das Vertrauen, wird der Umfang der Geldabhebungen in kurzer Zeit dramatisch zunehmen. Wird dies sichtbar, zum Beispiel wenn sich vor dem Bankschalter Schlangen bilden, beschleunigt sich der Prozess noch mehr. Das Vertrauen fällt ins Bodenlose, und die Kunden werden die Bank belagern, bis diese zahlungsunfähig ist.

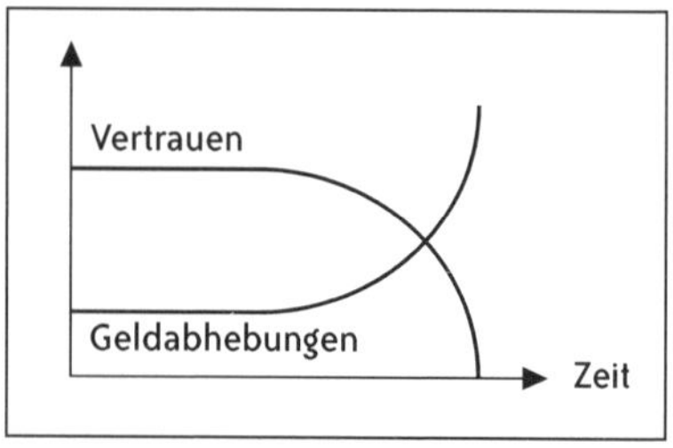

Iteration, also Wiederholung und Rückkoppelung, sind stets mit der Gefahr der Eskalation und Katastrophe verbunden.[1] Da menschliche Organisationen wie ein Unternehmen in ihrem Kern auf Wiederholung und Rückkoppelung aufbauen, sind sie unter diesen iterativen Bedingungen sehr instabile Systeme, gleichsam am Rande des Chaos. Bereits einzelne Fehleinschätzungen können dramatische Folgen haben.

Gerade selbstverstärkende Kreisläufe sind in ihrem zeitlichen Verhalten sehr anspruchsvoll: Die aufschaukelnde Wirkung ist nicht linear, und Nichtlinearitäten stellen uns vor grösste Herausforderungen. Der Mensch ist evolutiv auf Linearitäten getrimmt, alles andere überfordert ihn massiv. Wenn sich in einem Teich jeden Tag die Zahl der Seerosen verdoppelt, und dieser Prozess dreissig Tage dauert, dann wird bis zum 27. Tag kaum jemand vom Prozess Notiz nehmen. Am 28. Tag werden einzelne Personen unruhig, weil ein Viertel des Teichs überwuchert ist. Am 29. Tag ist der Teich zur Hälfte mit Seerosen bedeckt. Nun werden viele schnelle Entscheide fordern, aber es ist deutlich zu spät, um die Entwicklung noch aufhalten zu können. Deshalb sind Umweltgefahren so besorgniserregend, wenn sie Verstärkungsmustern folgen: Bis viele vom Ausmass des Artensterbens oder der Klimaerwärmung überrascht sind, könnte es bereits zu spät für wirksame Gegenmassnahmen sein. Glücklicherweise laufen in der Natur schnelle Wachstums- und Schrumpfungsprozesse selten unkontrolliert weiter, weil im Gesamtsystem meist auch stabilisierende Prozesse auftreten.

Nebst exponentiellem Verhalten stellen Verzögerungen eine weitere anspruchsvolle Form des Zeitverhaltens dar. Verzögerungen sind nichts anderes als Unterbrechungen zwischen den Handlungen und ihren Kon-

---

1 Backhausen W. & Thommen J.-P. (2016): Irrgarten des Managements. Ein systemischer Reisebegleiter zu einem Management 2. Ordnung. Zürich: Versus.

sequenzen. Dies kann dazu verleiten, weit übers Ziel hinauszuschiessen, oder aber nichts zu tun, bis es zu spät ist.

In sozialen Systemen spielen Zeitverzögerungen bzw. Time Lags eine wichtige Rolle. Investitionen brauchen in aller Regel Zeit, bis sie positive Rückflüsse generieren. Bei Mitarbeitenden, die heute eingestellt werden, kann es Monate, ja sogar Jahre dauern, bis sie tatsächlich produktiv sind. Nur wenige Handlungsmöglichkeiten in sozialen Systemen reagieren unmittelbar. Entsprechend schwierig ist es, ein Unter- oder Übersteuern zu verhindern. Gibt man Investitionen oder Mitarbeitenden zu wenig Zeit, ihre Wirkung zu entfalten, kann es sein, dass man richtige Entscheide vorzeitig rückgängig macht. Erhöht man mangels unmittelbarem Erfolg die Dosis, kann die Wirkung unerwünscht hoch ausfallen, zum Beispiel wenn eine Pflanze überdüngt wird oder die Haut an den ersten sonnigen Frühlingstagen zu viel Sonne abbekommt. Werden Sparanstrengungen in einem überschuldeten Land erhöht, weil der anfängliche Effekt zu gering ausgefallen ist, kann daraus eine Deflationsspirale resultieren. So ist es möglich, in den besten Absichten ein Land zu Tode zu sparen.

Ein klassisches Beispiel für die Wirkung von Zeitverzögerungen ist der in der Volkswirtschaftslehre wohlbekannte Schweinezyklus. Danach wurde oft beobachtet, dass Bauern bei einem steigenden Schweinepreis vermehrt Schweine züchteten. Die Erhöhung der Produktion wirkte sich allerdings erst mit einer Zeitverzögerung von einigen Monaten auf das Angebot an Schlachtschweinen aus. Zu diesem Zeitpunkt mussten die Bauern überrascht feststellen, dass viele andere Anbieter auf die gleiche Idee gekommen waren. Das plötzliche Überangebot an Schweinen zog einen Preiszerfall nach sich, worauf viele Bauern der Schweinezucht frustriert den Rücken zukehrten. Das Spiel begann aufs Neue … Schweinezyklen lassen sich in der Praxis immer wieder finden, zum Beispiel bei Anmeldungen für den Lehrberuf. Oft folgen auf Lehrerschwemmen Jahre der Lehrerknappheit und umgekehrt. Auch auf Märkten für Rohstoffe oder industrielle Güter (wie etwa PC-Prozessoren) lassen sich Schweinezyklen beobachten.

Zeitverzögerungen können dazu führen, dass Gegenmassnahmen zu spät erkannt und ergriffen werden. Die nachfolgende Grafik zeigt einen Systemausschnitt des weltweiten Problems der Überfischung[1]. Danach wirkt sich die weltweite Fischereimenge erst mit einer Zeitverzögerung auf die Erschöpfung der Fischbestände aus. Wird mehr gefischt, wird dies erst mit einiger Verspätung in den Restbeständen sichtbar. Nur wenn der Restbestand eine kritische Menge übersteigt, besteht eine quasi «automatische» Regenerationsfähigkeit, das heisst, die Reproduktionsrate ist hoch genug, dass der Bestand gesichert werden kann. Schwierig ist, dass die Überfischung sich erst mit einer Zeitverzögerung

1 Vgl. zum Problem der Überfischung die Aufgabe 3-2.

in der problematischen Wirkung manifestiert. Wird erst mit Verspätung erkannt, dass das Fischen nicht nachhaltig ist, werden auch Gegenmassnahmen erst verspätet erfolgen (wenn überhaupt). Bis dahin kann es schon zu spät sein: Wurde die kritische Menge für den Fortbestand unterschritten, kann es sein, dass die betroffene Art ausstirbt.

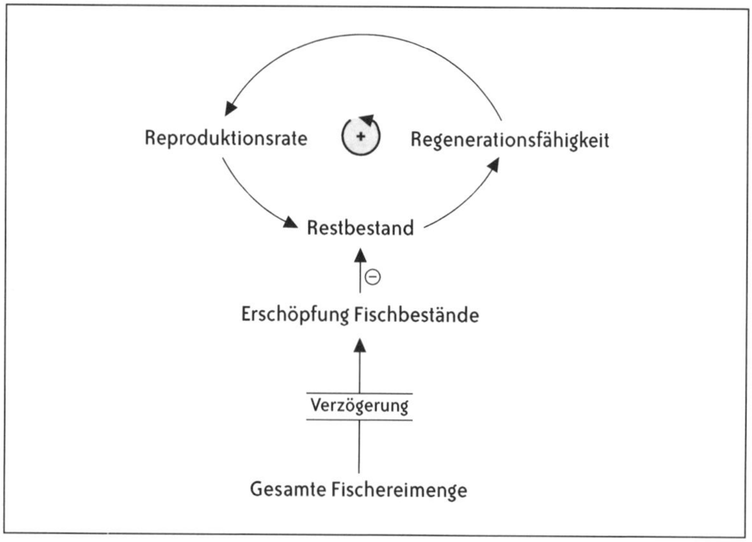

Grundsätzlich gilt: Je grösser die Zeitverzögerungen in einem System, desto schwieriger ist eine gezielte und effektive Beeinflussung. Bei der Wirkung von Klimagasen auf die Erderwärmung gehen Experten von einer Zeitverzögerung von bis zu mehreren Jahrzehnten aus. Sollte dies zutreffen, dürfte eine gezielte Beeinflussung des Systems äusserst anspruchsvoll in der Ausgestaltung sein.

Haltungen von Systemdenkenden

Systemdenken ist kein Selbstzweck. Letztlich soll das Verständnis von komplexen Zusammenhängen dazu dienen, zielorientiert handeln zu können. Soziale Systeme sind allerdings nur als komplexe, lernende und damit im Prinzip unvorhersehbare Systeme angemessen zu beschreiben. Das macht ein Eingreifen sehr anspruchsvoll. Systemdenker zeichnen sich denn auch durch Sichtweisen und Neigungen aus, die für das Entwickeln des Systemverständnisses charakteristisch und notwendig sind. Erfahrungen aus der Lehrpraxis haben gezeigt, dass es durchaus lohnend sein kann, die Haltungen oder «Habits» von Systemdenkern im Unterricht immer wieder zu thematisieren.[1] Danach zeichnen sich Systemdenker durch folgende Haltungen aus:

---

1 Frischknecht-Tobler U., Kunz P. & Nagel U. (2008): Systemdenken – Begriffe, Konzepte und Definitionen. In: Frischknecht-Tobler U., Nagel U. & Seybold H. (Hrsg.): Systemdenken. Wie Kinder und Jugendliche komplexe Systeme verstehen lernen. Zürich: Verlag Pestalozzianum.

- Sie behalten den Blick aufs Ganze.
- Sie achten darauf, was zusammengehört, und erkennen Zusammenhänge.
- Sie betrachten die Dinge aus verschiedenen Blickwinkeln.
- Sie finden heraus, wie Dinge und Beziehungen sich mit der Zeit ändern.
- Sie berücksichtigen relevante Wirkungskreisläufe und nutzen Rückkoppelungsmöglichkeiten.
- Sie untersuchen, was Handlungen bewirken können.
- Sie können Unsicherheiten aushalten und sind auf Überraschungen vorbereitet.
- Sie denken nach über Wirkungen, die kurz, und solche, die länger andauern.
- Sie suchen nach Wegen, wie das System besser funktionieren kann.
- Sie überprüfen die Wirkungen und passen wenn nötig die Handlungen an.

Die im Aufgabenteil folgenden Beispiele und Problemstellungen haben zum Ziel, die Entwicklung und Förderung des Systemdenkens und der aufgeführten Haltungen in der BWL- und VWL-Ausbildung zu unterstützen.

1.3 Systemarchetypen nach Senge

Zu den wichtigsten Errungenschaften der multidisziplinären Systemwissenschaften gehört die Einsicht, dass es bestimmte ständig wiederkehrende Strukturmuster gibt. Diese generischen Strukturen oder «Systemarchetypen» sind der Schlüssel zur Erkenntnis von Grundmustern im persönlichen Leben wie in Unternehmen oder Volkswirtschaften. Die circa zehn gängigsten Systemarchetypen verdeutlichen, was erfahrende Selbstlenker, Manager und Führungskräfte intuitiv wissen, nämlich dass nicht alle Führungsprobleme einzigartig sind. So, wie es in der Literatur einige wiederkehrende Grundthemen und Handlungsverläufe gibt, lässt sich auch die breite Palette von Managementsituationen auf eine relativ kleine Anzahl solcher Kernmuster zurückführen.

Je mehr solche Grundtypen erkannt werden, desto besser kann man angesichts schwieriger Herausforderungen wirksame Hebelwirkungen einleiten. Zweck der Systemarchetypen ist es, unsere Wahrnehmung zu verändern, damit wir die Wirkungsweise grundlegender Strukturen und die potenziellen Hebel in diesen Strukturen besser erkennen können. Entsprechend liegt ein besonderes Augenmerk der nachfolgenden Beispielsammlung auf der Illustration von Systemarchetypen. Peter Senges Werk «Die fünfte Disziplin. Kunst und Praxis der lernenden Organisation» wird von vielen zu den bedeutendsten Managementklassikern aller

Zeiten gezählt. Darin skizziert er typische Grundmuster menschlichen Verhaltens. Archetypen zeigen auf, wie wir die Welt wahrnehmen, wie Probleme angegangen und gelöst werden. Menschen neigen allerdings dazu, statt die Ursachen zu beheben oft nur die Symptome zu bekämpfen. Zudem harrt manches Problem der endgültigen Lösung, weil die Akteure es lieber in die Zukunft verschieben; man denke nur an die Schuldenkrise in den USA, Europa und Japan. Systemarchetypen erlauben es, grundlegende Muster in Unternehmen und Volkswirtschaften zu erkennen und die systemische Entwicklung mit einer gewissen Distanz auf die wesentlichen Punkte zurückzuführen. Sie legen die Vernetztheit und Dynamik von Strukturen offen und ermöglichen es so, die Hebel für wirksame Steuerungsmassnahmen abzuleiten. Die Archetypen stellen leicht verständliche Modelle zur Systemanalyse und Lösungsfindung dar. Die Auseinandersetzung mit ihnen fördert die Problemwahrnehmung und öffnet den Weg für nachhaltiges Gestalten und Problemlösen.

In der nachfolgenden Aufgabensammlung werden die in Betriebs- und Volkswirtschaft verbreitetsten Systemarchetypen an konkreten Fällen vorgestellt und besprochen. Diese sind (Anwendungsbeispiele in der Aufgabensammlung in Klammern):

- Grenzen des Wachstums (Stadler Rail)
- Erfolg den Erfolgreichen (Facebook)
- Eskalation (Löhne im CS-Investmentbanking)
- Die Tragödie der Allmende (Überfischung)
- Scheinlösung mit Bumerang (Drogenrepression)
- Abrutschende Ziele (Haushaltspolitik in der EU)
- Problemverschiebung (Verschuldung in Griechenland)

Die Wirkungsweise dieser sieben Archetypen wird nachfolgend kurz vorgestellt.

Archetyp 1: Grenzen des Wachstums

Beim ersten klassischen Systemgrundmuster «Grenzen des Wachstums» führen Anstrengungen im linken Kreislauf zu verbesserten Leistungen und Wachstum. Allerdings stösst das Wachstum mit der Zeit an seine Grenzen, weil limitierende Ressourcen ausgeschöpft werden (rechter Kreislauf). Diese erzeugen abnehmende Zuwachsraten, das heisst, bei gleichbleibender Anstrengung wird immer weniger Wachstum möglich. Der ausgleichende Prozess rechts bringt den Motor links an seine Grenzen.

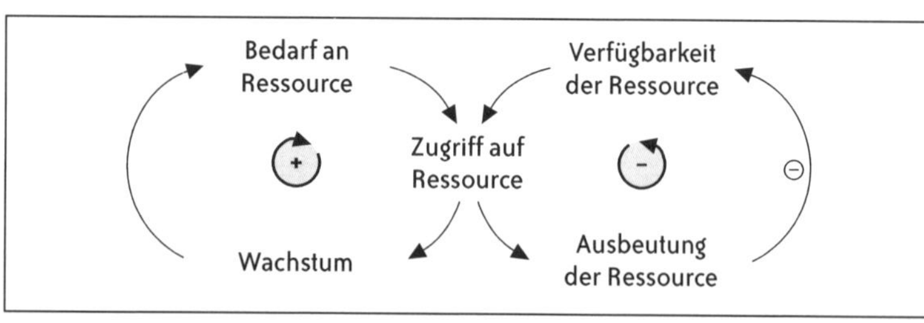

Managementprinzip

Jedes System stösst an seine Grenzen. Dies ist grundsätzlich zu akzeptieren. In aller Regel wird gerade im Management oft mit aller Kraft das Wachstum vorangetrieben. Je ausgeprägter man sich allerdings anstrengt und mehr vom selben tut, desto grösser wird der Widerstand des Ausgleichsprozesses.

Das gescheitere Managementprinzip ist, sich nicht auf den linken, sondern auf den rechten Kreislauf zu konzentrieren. Ziel ist, begrenzende Faktoren zu erkennen und zu ändern. Idealerweise können die Faktoren beseitigt werden, welche das Wachstum begrenzen. Ein wachsendes Unternehmen geht einher mit wachsender organisatorischer Komplexität, was oft zu mehr Bürokratie, Organisation, Planung und Kontrolle führt. Der Hebel im rechten Kreislauf legt nahe, die Komplexität einzudämmen, indem zum Beispiel dezentralisiert wird und kleinere Organisationseinheiten gebildet werden.[1]

Aufgabe 2-2 zeigt am Beispiel von Stadler Rail auf, wie ein Unternehmen versucht, die Grenzen des Wachstums hinauszuschieben.

Archetyp 2: Erfolg den Erfolgreichen

Bei der Grundstruktur «Erfolg den Erfolgreichen» erhält eine Person oder Gruppe A mehr Mittel als eine Partei B. A erhält dadurch Vorteile, welche zu einer weiteren Mittelzuweisung führen. Weil B weniger Mittel erhält, wird die relative Leistung von B schlechter und rechtfertigt eine weitere Alimentierung von A. Der Verlauf ist konträr: A wird immer erfolgreicher, B zunehmend erfolgloser. Erst durch die Verknüpfung der beiden Kreisläufe entsteht das Muster einer verstärkenden Rückkoppelung in beiden Kreisläufen, aber mit jeweils umgekehrten Vorzeichen.

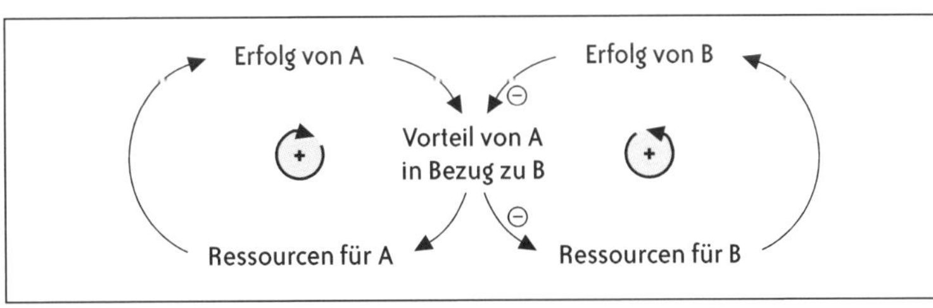

Managementprinzip

In diesem Archetyp konkurrieren zwei Wettbewerber um begrenze Unterstützung oder Ressourcen. Wenn einer der beiden mehr der limitierten Ressourcen bzw. Unterstützung erhält, kann er einen Vorsprung entwickeln und in der Folge weiter ausbauen. Betriebswirtschaftlich ist oft das Kundenpotenzial eine solche limitierte Ressource. Sofern Netzwerkeffekte in einer Branche eine Rolle spielen, haben Unternehmen Vorteile, welchen es gelingt, zuerst eine Gruppe von Kunden zu gewinnen. Bei Netzwerkeffekten profitieren Kunden davon, wenn es viele

1 Mehr dazu in Waibel, R. (2015). Die 7 Prinzipien zum Unternehmenserfolg. München: Hanser.

weitere Kunden gibt. In der Softwarebranche bestehen direkte Vorteile, je mehr Nutzer den gleichen Softwarestandard teilen. In solchen Branchen ist es oberstes Managementprinzip, als erster Mitbewerber schnell für möglichst viele Kunden den Standard definieren zu können. Schnelligkeit, Wachstum und Grösse sind hier also primäre Ziele. Auf der Seite des Benachteiligten braucht es eine Mobilisierung der Ressourcen und den Einsatz von Kreativität, um möglichst den Nachteil kompensieren zu können.

Sofern man nicht selber auf der Ebene der Wettbewerber agiert, macht es Sinn, nach Wegen zu suchen, die Zusammenarbeit unter den Gruppen anstelle des Wettbewerbs zu fördern. In Unternehmen ist es beispielsweise sehr wichtig, die Zusammenarbeit zu fördern. Oft wetteifern Nachwuchsführungskräfte um die Aufmerksamkeit und Ressourcen des Chefs. Dieser sollte als Managementprinzip seine Aufmerksamkeit gleichmässig verteilen und eine Kultur der Kooperation statt des Wettbewerbs etablieren.

Aufgabe 2-8 zeigt den «Winner takes it all»-Effekt am Beispiel von Facebook auf.

Archetyp 3: Eskalation

Im Archetyp der Eskalation unternimmt eine Partei A eine Aktion, welche von der anderen Partei B als Bedrohung wahrgenommen wird. B reagiert in ähnlicher Art und erhöht die Bedrohung für A, worauf A wiederum reagiert. Die beiden Stabilisatoren erzeugen zusammen in der Gesamtwirkung einen Motor. Geht man durch die Kreisläufe in Form einer liegenden Acht (∞), wird die gegenseitige Eskalationsschlaufe erkennbar.

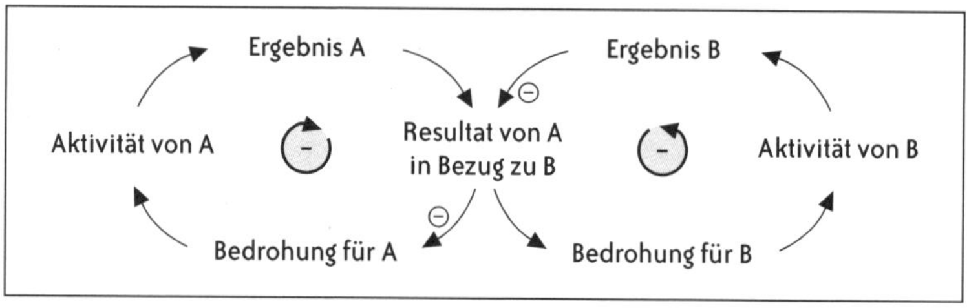

Managementprinzip

Bei der Eskalation streben zwei Konkurrenten aus subjektiver Sicht danach, eine dominantere Position als der andere zu erreichen. Eine (Re-)Aktion des anderen wird als bedrohlich für die Balance empfunden und zieht wiederum eine eigene (Re-)Aktion nach sich. Solange nicht einer aus dem Handlungsmuster ausbricht, ist die Eskalationsschlaufe endlos («Es ist zu spät, um aufzuhören!»). Bleibt das Muster ungelöst, reisst es erst durch Gewalt bzw. durch aussenstehende limitierende Ressourcen ab. Ein zweckmässiges Managementprinzip ist, die potenzielle Sinnlosigkeit der Eskalationsschlaufe zu erkennen, weil nur eine zeitliche Verzögerung überhaupt einen temporären Vorteil verschafft. Könnte die andere Partei direkt und unmittelbar eine Aktion kontern, brächte diese gar keinen Vorteil mehr. Sinnvoll ist, die Interessen hinter den Aktionen in den Vordergrund zu rücken. Möglicherweise lassen sich die gegenseitigen Ziele mit anderen Aktionen erreichen. In vielen Fällen lässt sich aus dem Teufelskreis ausbrechen, wenn eine Seite demonstrativ ausschert bzw. andersartige, «friedliche» Aktionen einleitet, welche das Gefühl der Bedrohung auf der anderen Seite verringern.

Aufgabe 2-9 zeigt am Beispiel der Credit Suisse auf, nach welchem Eskalationsmuster sich in den letzten zwanzig Jahren die Löhne im Investmentbanking entwickelt haben.

Archetyp 4: Die Tragödie der Allmende

Die «Tragödie der Allmende» ist ein archetypisches Grundmuster. Alle Beteiligten A, B usw. versuchen, Aktivitäten auszuführen, welche für sie gewinnbringend sind, wobei eine gemeinsame Ressource verwendet wird. Das Allmendegut «Gemeindewiese» ist ein klassisches Beispiel für ein rivalisierendes Gut, bei dem das Ausschlussprinzip nicht funktioniert: Weil alle dürfen, treiben auch alle Bauern ihr Vieh auf das Gemeindegebiet, von dem niemand ausgeschlossen werden kann. Weil jeder daraus einen Gewinn erzielt, wird die Wiese so lange übernutzt, bis nur noch ein Acker übrigbleibt. Die Ressource wurde bis zur Grenze erschöpft. Die Zeitverzögerung führt oft dazu, dass erst verspätet realisiert wird, dass es sich nicht mehr richtig lohnt. Bis dahin wurden oft die Anstrengungen erhöht, um die eigenen Gewinne zu sichern. Dies verstärkt die Übernutzung, teilweise bis zum Kollaps der Ressource.

Die Grafik zeigt den Archetyp mit seinem inhärent problematischen Muster in Phase 1: Es lohnt sich für A, B, C und alle weiteren, ihre Aktivitäten zu erhöhen.

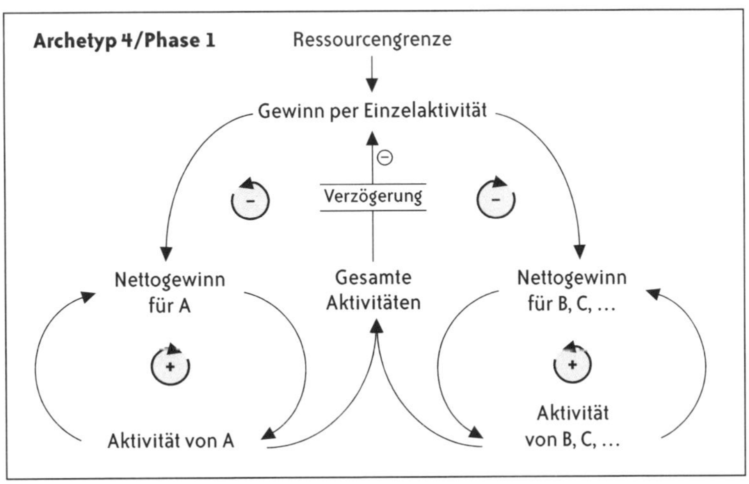

Die gesamten Aktivitäten steigen stark an. Nun folgt durch die Ressourcenübernutzung Phase 2: Der Grenznutzen, das heisst Gewinn per Einzelaktivität, sinkt stetig. Die Akteure erhöhen aufgrund von gesunkenen Gewinnen ihre Aktivitäten weiter, bis zum Kollaps.

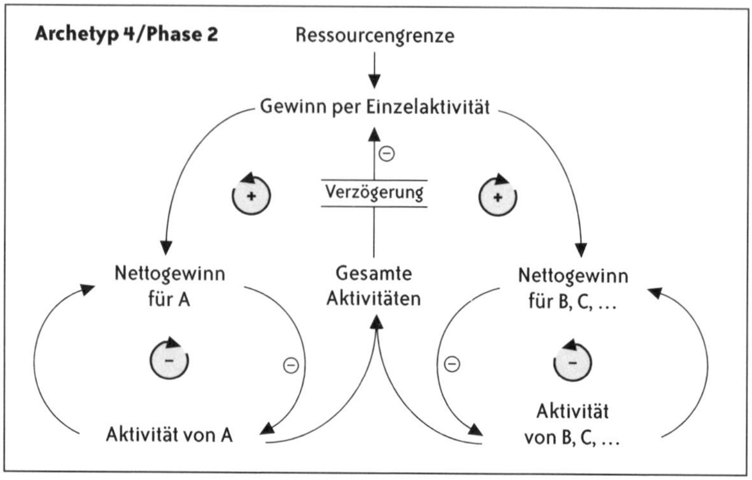

Managementprinzip

Allmendegüter werden stärker übernutzt, als ökonomisch sinnvoll erscheint, manchmal bis zur Erschöpfung der Tragfähigkeit und damit zum Kippen des Systems. Um dies zu verhindern, ist als Managementprinzip eine Nutzungsvereinbarung bzw. Regelung notwendig. Hilfreich sind zusätzliche Informationen, welche zu Erkenntnis und (hoffentlich) Selbstbeschränkung führen. Nützlich sind ebenfalls Gruppendruck oder soziale Kontrolle, welche ein als nicht zweckmässig erkanntes Verhalten sanktioniert. Ist dies nicht hinreichend, braucht es eine hoheitliche Regulierung.

Aufgabe 3-2 zeigt die Problematik am Beispiel der weltweiten Überfischung auf.[1]

Archetyp 5: Scheinlösung mit Bumerang

Beim Archetyp «Scheinlösung mit Bumerang» steht ein drängendes Problem im Mittelpunkt. Schnell wird eine Lösung implementiert, welche ein Problemsymptom kurzfristig zu lindern vermag (vgl. den Stabilisator im Netzwerk). Allerdings verschlimmern die unerwarteten Nebenwirkungen der Scheinlösung die eigentliche Situation. Das Problem taucht wieder auf, teilweise sogar schlimmer als zuvor. Der «Quick Fix» hat einen Bumerang in Form von ungewollten Konsequenzen produziert. Letztlich ist ein Selbstverstärker (Motor) entstanden, welcher in der Praxis oft dazu führt, dass die Dosis erhöht wird (obwohl das Mittel nicht wirkt).

1 Für eine kurze Videoeinführung vgl. die Fernsehsendung «Eco» vom 12.12.2011: https://www.srf.ch/play/tv/eco/video/eco-kompakt-tragik-der-allmende?urn=urn:srf:video:a170992b-d030-4c62-b5b4-520c43ad249e

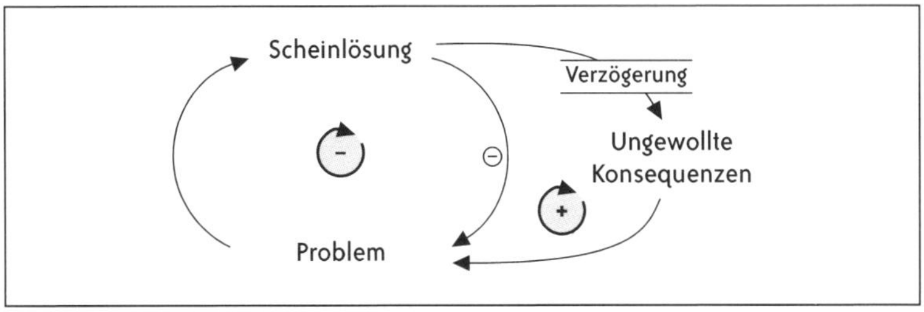

Managementprinzip

Aus einem kurzfristig stabilisierenden Kreislauf wird zeitverzögert ein sich aufschaukelndes Problem, weil die Scheinlösung einen Bumerang erzeugt hat. Um einen solchen Zyklus aufzubrechen, braucht es erstens das Eingeständnis, dass der «Quick Fix» nur ein Symptom und nicht die Ursache bekämpft. Dies ist schwierig zu erreichen, vor allem wenn starke Werte oder Normen im Spiel sind (wie zum Beispiel in der Drogenpolitik). Zweitens ist die verbindliche Zusage notwendig, dass das eigentliche Problem an der Wurzel angepackt wird. Dazu braucht es meist eine langfristige Perspektive, welche von schnellen Patentrezepten absieht und dem Problem ohne normative Scheuklappen und mit angemessener Differenziertheit begegnet.

Aufgabe 3-3 illustriert das Problem der Scheinlösung am Beispiel der Drogenrepression.

Archetyp 6: Abrutschende Ziele

Im Grundmuster «abrutschende Ziele» lässt sich eine Kluft zwischen Ziel und der heutigen Realität durch eine Korrekturmassnahme (linker Kreislauf) oder durch eine Zielanpassung (rechter Kreislauf) schliessen. Zwei sich selbst stabilisierende Kreisläufe sind über einen Soll-Ist-Vergleich miteinander gekoppelt. Der linke Kreislauf ist handlungsgeleitet, der rechte erwartungsgeleitet. In der Regel ist das Handeln aufwendiger, mühseliger, dauert länger und kennt keine Erfolgsgarantie. Die Anpassung des Ziels lässt sich dagegen mit leichter Hand, unmittelbar und mit erfreulichen Auswirkungen auf die Lücke zur Realität erreichen. Entsprechend attraktiv ist es, den rechten und nicht den linken Kreislauf zu aktivieren. Solange im Alltag die Möglichkeit besteht, werden lieber Ziele gesenkt, als Anstrengungen gesteigert, das Ziel doch noch zu erreichen.

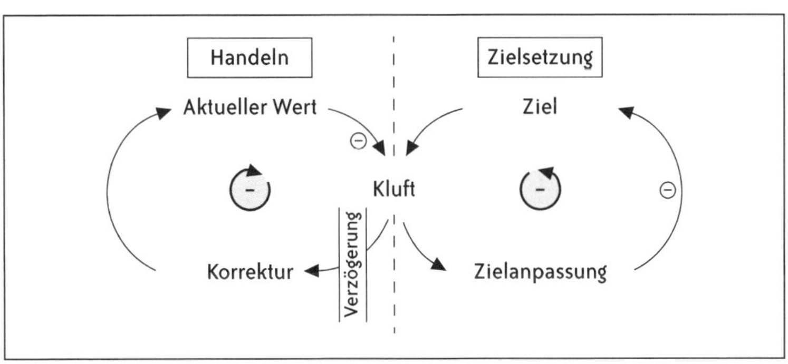

Managementprinzip

Das sinnvolle Managementprinzip ist einfach formuliert: Es gilt, an der Vision festzuhalten und den mühsamen Weg zu bestreiten. Das ist zwar so attraktiv wie Frühlingsputz, führt aber meist zu realen Ergebnissen. Die handelnde Perspektive bedingt eine langfristige Sicht, attraktive Zukunftsbilder und eine notwendige Portion Unerschrockenheit und Hartnäckigkeit.

Aufgabe 3-6 zeigt das Problem der abrutschenden Ziele am Beispiel der EU-Haushaltspolitik auf.

Archetyp 7: Problemverschiebung

Die Strukturen der Problemverschiebung sind in Organisationen ebenso verbreitet wie im privaten Leben. Sie sind immer dann am Werk, wenn unübersehbare Problemsymptome Aufmerksamkeit einfordern und wenn diese Symptome durch Schnellschüsse – mindestens vorübergehend – zum Verschwinden gebracht werden können. Die Problemverschiebung besteht aus zwei stabilisierenden Kreisläufen. Beide versuchen, demselben Problemsymptom zu begegnen. Der obere Kreislauf stellt die schnelle Lösung dar, den «Quick Fix». Sie beseitigt rasch das Problemsymptom, allerdings nur vorübergehend. Gleichzeitig ist sie oft mit Nebenwirkungen verbunden, welche es noch schwieriger machen, die fundamentale Lösung umzusetzen. Der untere Kreislauf arbeitet mit einer Zeitverzögerung. Er steht für eine grundsätzliche Reaktion auf das Problem, bei dem es länger dauert, bis die Auswirkungen erkennbar werden. Die grundlegende Lösung ist wesentlich effektiver, gleichzeitig aber oft anstrengender und aufwendiger.

Bei der Problemverschiebung wird oftmals durch die unbeabsichtigten Nebenwirkungen das tatsächliche Problem verdeckt, sodass mit zunehmender Dauer im System die Fähigkeit zur ursächlichen Problemlösung schwindet. Das ursprüngliche Problem bleibt unberührt und verschlimmert sich. Mit der Zeit verlassen sich die Menschen mehr und mehr auf die symptomatische Lösung, die ins Blickfeld rückt und zunehmend zum einzigen Ansatz wird. Durch die Nebenwirkungen entsteht ein Suchtphänomen, welches zunehmend zum eigentlichen Problem wird. Dies zeigt die Problemverschiebung.

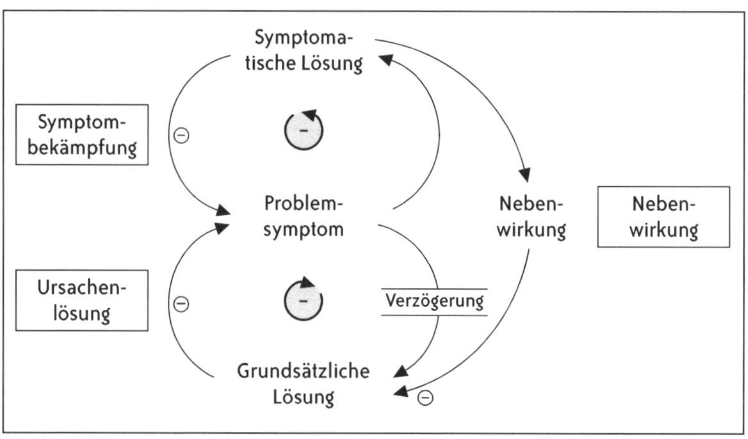

Managementprinzip

Wenn man die symptomatische Lösung schwächen will, muss man bereit sein, die Wahrheit über die Scheinlösung und die Sucht auszusprechen. Die Folgen der Nebenwirkungen müssen deutlich werden, und es braucht die Einsicht, dass dieser Weg letztlich in die Sackgasse führt. Notwendig ist eine Hinwendung zur eigentlichen Lösung und eine Abwendung von der Symptombekämpfung. Dies bedingt wiederum eine langfristige Ausrichtung und das Vorhandensein einer klaren, attraktiven, breit getragenen Vision.

Aufgabe 3-7 zeigt anhand des Beispiels Griechenland eine Problemverschiebung auf.

Muster in betriebs- und volkswirtschaftlichen Zielsystemen: Erfolgsspirale versus nachhaltiger Stabilisator

Die Systemarchetypen machen deutlich, dass der Komplexität von Problemen in der Steuerung von Unternehmen und Volkswirtschaften eine bestechend elegante Einfachheit zugrunde liegt. Beispielsweise gibt es einen generischen Unterschied zwischen betriebs- und volkswirtschaftlichen Zielsystemen: Die betriebswirtschaftlichen suchen eine Erfolgsspirale, einen selbstverstärkenden Motor des Wachstums an Ertrag und Gewinn. Dabei gibt es fast immer unbeabsichtigte Nebeneffekte bzw. von aussen begrenzende Kräfte, welche sich in einem ausgleichenden Prozess zeigen und den Erfolg schliesslich bremsen. Systemisches Management von Unternehmen heisst grundsätzlich nichts anderes, als den Engelskreis an positiven Rückkoppelungen möglichst unbehelligt am Laufen zu halten und gleichzeitig die negativen Feedbackschlaufen zu beseitigen, welche die Grenzen des Wachstums darstellen.

Genau umgekehrt verhält es sich mit volkswirtschaftlichen Zielsystemen: Diese streben analog zu biologischen Systemen nach Stabilität und sind deshalb ausgleichend. Die Natur liebt das Gleichgewicht, aber volkswirtschaftliche Systeme sind von Menschen gestaltet. Menschliche Entscheidungsträger verstossen häufig gegen das Prinzip der Ausgewogenheit. Die Kosten (wie Verschuldung, Inflation oder Umweltzerstörung) werden leider oft der Allgemeinheit aufgebürdet. Das Problem von umfassenden volkswirtschaftlichen Systemen ist oft, dass durch die fatale menschliche Neigung zum «Quick Fix» die Pufferung der Ausgleichsfunktion verloren geht und die Symptombekämpfung von Problemen zu verstärkenden Teufelskreisen führt.

Die nachfolgenden Beispiele illustrieren diese unterschiedliche Ausrichtung und zeigen anhand von praktischen Problemstellungen Ansatzpunkte auf, das systemische Denken in der wirtschaftlichen Ausbildung zu fördern.

2 Aufgabensammlung BWL

Inhaltsübersicht

2-1 Victorinox: Der Kreislauf guter Führung

Problemstellung

Unternehmen sind Organisationen, in denen Menschen am Werk sind. Es braucht Führungspersönlichkeiten, um Mitarbeitende zu unterstützen, die richtigen Dinge zu tun. Führung ist folglich sehr wichtig, die Führungsqualität ein zentraler unternehmerischer Erfolgsfaktor. Obwohl die «great man theory» in der Wissenschaft schon lange als überholt gilt, ist die Vorstellung von Führungspersonen als kraftvollen Machern, gerade auch im Selbstbild der Unternehmenskader, nach wie vor weit verbreitet. Hier wirkt unsere Sehnsucht nach starken, visionären und tatkräftigen Lenkern, die einen etwas weiteren Horizont haben als die Herde der Allgemeinheit und Heldentaten vollbringen können: in Krisenzeiten das Steuer herumreissen, Unternehmen aus dem Sumpf ziehen, Firmen energetisieren und nachhaltig zum Blühen bringen. Die Medien verstärken mit ihrem Hang zu Überhöhung und Verherrlichung die Geschichten der grossen Figuren von Jack Welch (General Electric), Steve Jobs (Apple) oder Elon Musk (Tesla, Space X).

Zunehmend verdichten sich die Erkenntnisse, dass das Machertum nicht wirklich den Kern von guter Führung trifft. Die traditionelle Vorstellung über Führungskräfte – herausragende Personen, die die Vision vorgeben, Schlüsselentscheidungen treffen und die Truppen mitreissen – ist nach Peter Senge tief in einer individualistischen und unsystemischen Weltanschauung verwurzelt. Vor allem in der westlichen Tradition sind Führungspersonen Helden – bedeutende Männer (und ganz selten Frauen), die sich vor allem durch grandiose Leistungen in Krisenzeiten hervortun. Macher leiden unter dem «Wir brauchen einen grösseren Hammer»-Syndrom. Betrachtet man die in den letzten Jahren zunehmende Flut der Weiterbildungsangebote, welche auf das Thema «echte, charismatische, visionäre, transzendentale (usw.) Leadership» fokussieren, nimmt diese Sichtweise sogar wieder zu. Die herkömmliche Führungsauffassung geht im Wesentlichen von der Annahme aus, dass Mitarbeitende im Grunde machtlos sind, dass ihnen eine persönliche Vision fehlt und sie nicht in der Lage sind, die Kräfte der Veränderung zu meistern – Defizite, die nur durch eine herausragende Führungspersönlichkeit wettgemacht werden können.

Solange solche Mythen weiterbestehen, verstärken sie die Konzentration auf kurzfristige Ergebnisse und charismatische Leader und lenken uns von einer systemischen Betrachtung des Themas Führung im unternehmerischen Gesamtzusammenhang ab. Macher verstehen sich als Eingreifer und streben kurzfristige Veränderungen und Erfolge an. Damit dies funktioniert, müssen sie immer wieder intervenieren, um die gewünschten Ergebnisse zu sichern – quasi von einem unternehmerischen Brandherd zum nächsten springen und versuchen, überall das Feuer so schnell wie möglich unter Kontrolle zu bekommen. Dieses

Muster erzeugt im Unternehmen die Dynamik einer sich selbst verstärkenden Abhängigkeit von Managementinterventionen. Der Macher beweist sich damit tagtäglich seine eigene Notwendigkeit – die Fokussierung auf dringliche Eingriffe wird auf diese Weise zu einer Strategie, die auf eine weitere Konzentration der Macht zielt. Der Macher macht sich selber unverzichtbar.

Wir vertreten eine systemischere Sicht: Ermöglichen, nicht Machterhalt steht im Zentrum.[1] Diese hat Lao-Tse schon vor 2500 Jahren sehr anschaulich beschrieben:

«Der beste Führer ist der, dessen Existenz gar nicht bemerkt wird. Der zweitbeste der, welcher geehrt und gepriesen wird, der nächstbeste der, den man fürchtet, und der schlechteste der, den man hasst.»

Das nachfolgende Beispiel zeigt auf, wie ein systemisches Verständnis von Führung im konkreten Fall von Victorinox gelebt wird.

Informationsgrundlage

Carl Elsener, Schweizer Unternehmer des Jahres 2011 und Marketeer of the Year 2018, leitet die traditionsreiche Firma Victorinox im schwyzerischen Ibach. Elsener hat den ursprünglichen Produktionsbetrieb geschickt zur Weltmarke umgebaut. Victorinox war schon immer ein Geheimtipp für nachhaltige, systemische Führung und in Insiderkreisen wohlbekannt. Nach diesen Erfolgen hat auch das Medieninteresse einer breiten Öffentlichkeit zugenommen. Alle wollen wissen, welche Geheimnisse sich hinter guter Führung verbergen. Das nachfolgende Interview führte Priska Sutter, Journalistin einer Fachzeitschrift für Management, mit Carl Elsener.[2]

Sutter: Herr Elsener, erst einmal herzliche Gratulation zu Ihren bereits zwei Auszeichnungen. Nicht viele Patrons werden im Laufe ihres Lebens zum Unternehmer des Jahres oder zum Marketeer of the Year gekürt – Sie haben gar beides geschafft.

Elsener: Dankeschön. Das Verdienst gebührt allerdings nicht primär mir, sondern allen unseren Mitarbeitenden, die mit ihrem Einsatz und ihrer tollen Arbeit unseren Erfolg begründen. Zudem bin ich nur eine Person unserer grossen Familie. Viele arbeiten in der einen oder anderen Funktion mit. Wenn schon, müsste man auch sie hervorheben, insbesondere unseren Vater, der den Geist von Victorinox über Jahrzehnte geprägt hat wie kaum ein anderer.

Sutter: Mir scheint, es ist typisch für Sie, dass Sie in Ihrer Bescheidenheit die eigene Funktion in den Hintergrund stellen. Viele Manager würden mit stolzgeschwellter Brust von ihren Heldentaten erzählen.

---

1 Vgl. dazu Waibel, R. (2015). Die 7 Prinzipien zum Unternehmenserfolg: Einfach, zukunftsweisend, praxisorientiert. München: Carl Hanser Verlag.

2 Das Gespräch ist nicht verbürgt, könnte sich aber durchaus so zugetragen haben.

Elsener: Man sollte den Einfluss eines Einzelnen nie überschätzen. Eine Firma ist ein Gesamtsystem, ein lebendiger Organismus. Ganz viele Menschen und Faktoren spielen hier eine wichtige Rolle. Wer zuoberst steht, ist meist gar nicht so entscheidend.

Sutter: Dennoch interessiert unsere Leserinnen und Leser das Geheimnis von Victorinox. Führung ist ja unbestritten ein zentraler unternehmerischer Hebel für den Unternehmenserfolg. Was macht bei Ihnen die Qualität der Führung aus?

Elsener: Eigentlich nur Dinge, die schon bekannt sind. Vielleicht versuchen wir aber ein bisschen konsequenter als andere, die paar Sachen gut und richtig zu machen. Sie wissen ja, Unternehmensführung heisst vor allem, mit den vielen Zielkonflikten sinnvoll umzugehen. Alles ist nicht möglich, und wir versuchen, bei der Führungsarbeit keine Kompromisse zu machen. Die Mitarbeitenden kommen bei uns an erster Stelle.

Sutter: Das Interessante ist ja, dass das heute alle sagen. Nur gibt es in der Praxis unheimliche Unterschiede, wenn man genau hinschaut.

Elsener: Wir alle versuchen als Führungspersonen, unserer Mission nachzuleben. Diese heisst: «Das Bestreben, unseren Mitmenschen auf der ganzen Welt mit praktischen, funktionstüchtigen und preiswerten Qualitätserzeugnissen zu dienen, gibt unserem Leben einen tieferen Sinn sowie Freude und Befriedigung bei der Arbeit.» Ich glaube, dahinter können alle unsere Mitarbeitenden stehen. Und wir kommunizieren klar unsere Ziele und Leistungserwartungen und machen Mission und Unternehmensstrategie immer wieder deutlich.

Sutter: Wenn alle hinter der Mission und den zentralen Zielen stehen, fördert das Engagement und Leistung.

Elsener: Richtig. Genauso wie Arbeitsmotivation und Zufriedenheit davon abhängen, dass Vorgesetzte die Arbeit ihrer Mitarbeitenden gut organisieren, also für jede Person Tätigkeiten zusammenfassen, welche verschiedene Fähigkeiten und Fertigkeiten verlangen und insgesamt interessant und sinnvoll sind. Die Ziele dürfen herausfordernd sein, aber nicht zu schwierig. Wichtig ist auch eine gute Unterstützung durch die Vorgesetzten.

Sutter: Mir scheint, dass Victorinox das Empowerment der Mitarbeitenden sehr wichtig nimmt.

Elsener: Ja, das ist so, nur sagen wir dazu etwas weniger modern «Handlungsspielräume und Beteiligung». Eigentlich ist die Übereinstimmung von AKV ja ein uralter Organisationsgrundsatz: Wenn Menschen Aufgaben bekommen, müssen sie auch die dazu erforderlichen Kompetenzen und Verantwortlichkeiten erhalten. Sie brauchen die nötigen Ressourcen und die Autorität, ihre Arbeit unabhängig zu erledigen. Dazu gehört die Freiheit, die Aufgaben selbst zu organisieren und einzuteilen, ebenso wie die

Möglichkeit, sich immer in die Firma einbringen und die Victorinox mitgestalten zu können.

Sutter: Menschen, die diese Freiräume haben und ihre Bedeutung in der Firma spüren, empfinden Stolz, identifizieren sich mit dem Unternehmen und fühlen sich emotional verbunden. Umso mehr, wenn sie wie im Falle von Victorinox wissen, dass die Firma noch nie jemanden aus wirtschaftlichen Gründen entlassen hat, nicht einmal während der grössten Krisen nach 9/11 oder dem Wirtschaftseinbruch 2009.

Elsener: Wir sind hier eine grosse Familie und wollen zu allen Mitgliedern schauen. Wenn Führungskräfte ihre Sache gut machen, dann gibt ihnen der Erfolg recht: Engagement, Leistung und Arbeitsproduktivität sind hoch, Fehlzeiten und Fluktuation niedrig, und der Einsatz schlägt sich in einer hohen Kundenzufriedenheit nieder. Das wiederum erhöht das Vertrauen der Mitarbeitenden in die Führung, sie lassen Führung zu, was auf die Führungsqualität zurückwirkt. Ausserdem ergeben sich Gewinne, welche es zulassen, dass auch im Bereich der Führung weiter investiert werden kann, zum Beispiel in die Aus- und Weiterbildung der Führungspersonen oder in unsere Organisationsentwicklung.

Sutter: Victorinox ist für seine guten Arbeitsbedingungen bekannt. Sie investieren sehr viel in die Lehrlingsausbildung, der Mutterschaftsschutz ist weit überdurchschnittlich, die Sozialleistungen hoch. Und die Mitarbeitenden verdienen etwa zehn Prozent mehr als sonst in der Branche.

Elsener: Genau. Dafür verdienen die Führungskräfte weniger als an anderen Orten (lacht). Trotzdem gelingt es uns, gute Leute zu gewinnen, auf Ebene der Mitarbeitenden wie der Vorgesetzten.

Sutter: Die Qualität der Führung und Organisationsentwicklung wirkt sich natürlich auf die Unternehmenskultur aus. Diese scheint mir bei Victorinox einzigartig zu sein. Wir wissen ja inzwischen, wie wichtig die Kultur als Humus in der Firma für das ist, was daraus wächst. Und eine reiche Kultur zieht gute Leute an.

Elsener: Ein afrikanisches Sprichwort sagt: «Gras wächst nicht schneller, wenn man daran zieht.» Mir scheint, in vielen Unternehmen wird heute andauernd gezogen: Alles sollte noch schneller, noch flexibler, noch günstiger, noch schlanker gehen. Die Mitarbeitenden werden aber nicht gepflegt und für wichtig genommen. Aber von nichts kommt nichts. Man bekommt von den Mitarbeitenden sehr viel, aber zuerst muss man als Firma bereit sein, auch viel zu geben. Führungspersonen sollten nicht die ganze Zeit am Grashalm ziehen, sondern vielmehr den Humus, die Rahmenbedingungen kultivieren. Wenn man das macht und dabei glaubhaft ist, ziehen die Mitarbeitenden von alleine mit.

Sutter: Damit sind wir beim Stichwort Vertrauenskultur. Dies bedingt Glaubwürdigkeit und auch Vorbildfunktion.

Elsener: Ich kann nicht von anderen verlangen, was ich selber nicht vormache. Vorleben, Integrität, Verlässlichkeit und Vertrauen sind für uns ganz wichtige Werte.

Sutter: Und das machen Sie konsequent, und deshalb haben Sie Erfolg. Herr Elsener, ist Führung so einfach?

Elsener: Ja, genau, so einfach. Aber nicht einfacher (lacht).

Wirkungsdiagramm

Daniel Beyeler, Partner der Beratungsfirma «Futurum Management», hat 2011 in einer Meta-Studie die empirisch erhärteten Zusammenhänge guter Führungsarbeit zusammengefasst.[1] Danach lassen sich folgende positiven Wirkungen einer hoher Führungsqualität nachweisen:

Durchschnittlicher Effekt guter Führungsqualität auf die Variablen	
Stolz/Identifikation/emotionale Bindung	+22 %
Fehlzeiten (Absentismus/krankheitsbedingte Ausfälle)	−37 %
Fluktuation	−44 %
Zielgerichtetes Engagement/Leistung	+23 % bis 50 %
Arbeitsproduktivität	+18 % bis 50 %
Kundenzufriedenheit	+12 % bis 50 %
Rentabilität	+16 % bis 33 %

Diese durch Studien abgestützten und im Interview besprochenen Zusammenhänge sind im folgenden Netzwerk dargestellt.

Aufgaben

(a) Markieren Sie im Netzwerk jene Pfeile mit einem Minuszeichen, welche einen negativen Wirkungszusammenhang darstellen.

(b) Bezeichnen Sie im Netzwerk alle **fett** formatierten Grössen wie folgt:
- Umrahmen Sie Hebel mit einem Oval.
- Unterstreichen Sie Indikatoren.

(c) Markieren Sie im Netzwerk ausgehend von der Grösse «Führungsqualität» alle Pfeile des primären Kreislaufs, der die Grösse «Führungserfolg» einbezieht, mit gelbem Leuchtstift. Geben Sie an, ob dieser einen Motor oder Stabilisator darstellt. Erklären Sie die Rückkoppelung von «Führungserfolg» auf «Führungsqualität» mit eigenen Worten. Erläutern Sie, warum «Vorgesetzte» damit zu «echten Führenden» werden.

1 Zu den systematisch ausgewerteten empirischen Forschungsarbeiten zählen die internationalen Studien von Gallup (2005; n > 1 Mio.) und Human Synergistics (2005; n = 292 bis 950), die Studien im deutschen Sprachraum (Deutschland, Österreich, Schweiz) von Wunderer (2005; n = 246) und Eckloff (2009; n = 600) sowie die deutsche Studie von Scholz & Friends (2009; n = 150). (Beyeler D.: Führung zählt. Auswirkungen guter Führungsarbeit. Wil 2011 [unveröffentlichtes Dokument])

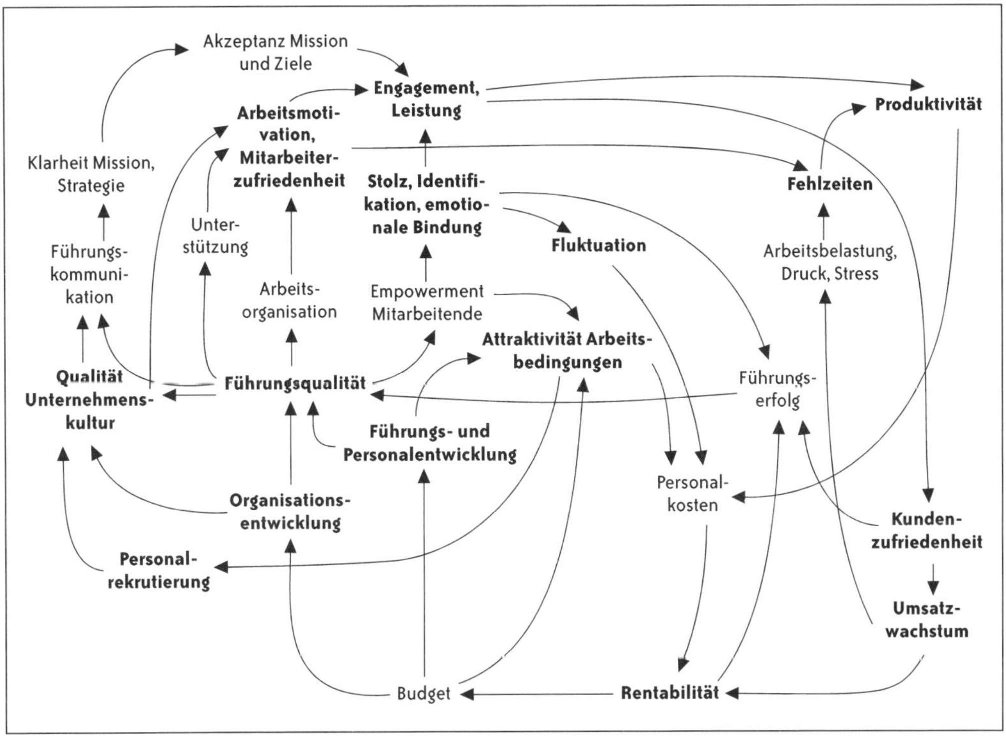

(d) Markieren Sie im Netzwerk ausgehend von der Grösse «Führungsqualität» zusätzlich alle Pfeile des sekundären Kreislaufs, der die Grösse «Budget» einbezieht, mit grünem Leuchtstift. Geben Sie an, ob dieser einen Motor oder Stabilisator darstellt. Erklären Sie die Rückkoppelung von «Kundenzufriedenheit» auf «Führungsqualität» mit eigenen Worten.

(e) Erklären Sie den betriebswirtschaftlichen Zusammenhang zwischen Umsatzwachstum und Rentabilität.

(f) «Empowerment» scheint im Netzwerk eine wichtige Funktion von guter Führung zu sein. Erklären Sie mit eigenen Worten, was damit gemeint ist, insbesondere auch die Notwendigkeit der Übereinstimmung von Aufgaben, Kompetenzen und Verantwortung. Warum ist das oft nicht der Fall?

(g) Abgesehen von der Führungsqualität: Welches erachten Sie als den wichtigsten Hebel im Netzwerk? Begründen Sie Ihre Antwort.

(h) «Unternehmenskultur» bestimmt, «wie die Dinge so laufen in einem Unternehmen». Edgar Schein hat ein berühmtes Modell aufgestellt, wonach zur Kultur die nicht sichtbaren Basisannahmen (zum Beispiel Menschenbilder wie Theorie X oder Y), die nur teilweise sichtbaren Werte (zum Beispiel niedergeschrieben in einem

Leitbild) und die gegen aussen sichtbaren Artefakte (zum Beispiel Sie- oder Du-Kultur, Kleidungsordnung, Büroeinrichtungen, Rituale und Firmenfeste) gehören. Priska Sutter hat sie als «Humus» in einer Firma bezeichnet. Warum ist die Unternehmenskultur so bedeutend? Und, um beim Bild zu bleiben, wer ist der Gärtner, der den Humus wässert?

(i) Was ist das Geheimnis des Führungserfolgs von Victorinox? Argumentieren Sie, ohne auf Variablen im Netzwerk zurückzugreifen.

(j) Welche weiteren Unternehmen kennen Sie, welche für gute Führung bekannt sind? Wie äussert sich diese?

(k) Aufgrund Ihrer bisherigen Erkenntnisse: Was macht Ihrer Meinung nach eine gute Führungskraft aus? Beschreiben Sie die wesentlichen Eigenschaften.

2-2 Management bei Stadler Rail: Grenzen des unternehmerischen Wachstums überwinden

Problemstellung

Wozu ist eigentlich ein Unternehmen da? Und was heisst Unternehmensführung (Management)? Diese auf den ersten Blick banalen Fragen sind gar nicht so einfach zu beantworten.

Ein Unternehmen ist eine menschliche Zweckgemeinschaft mit dem Ziel, den Kapitalgebern Rendite zu verschaffen. Dazu wird in einem ersten Schritt von den Gründern Eigenkapital in die neue Firma eingebracht, meist in der Form von flüssigen Mitteln. Dieses Geld wird in der Regel für Investitionen verwendet, da das Unternehmen Betriebsmittel für den Unternehmenszweck (den Verkauf von Produkten oder Dienstleistungen) braucht. Sofern das erzeugte Leistungsangebot bei den Kunden Erfolg hat, kann die Firma Umsätze erzielen. Wenn die Erträge grösser sind als die Aufwendungen (und Investitionen für die Leistungsherstellung sind mit Aufwänden verbunden), resultiert ein Gewinn aus der Geschäftstätigkeit. Dieser stellt die Rendite für die Eigenkapitalgeber dar. Wenn es gut läuft, möchten diese natürlich die Gewinne erhöhen.

Wichtig ist nun, dass es im Kern nicht der Gewinn ist, der die Voraussetzung für das weitere Gedeihen der Firma ist. Dieses ist primär vom Vorhandensein von weiteren flüssigen Mitteln abhängig. Rentabilität ist der Wachstumstreiber, aber Liquidität die Bedingung dazu. Woher kommt sie? Junge Unternehmen haben es oft schwer, in einer frühen Phase Fremdkapital aufzunehmen. Die Wachstumsliquidität muss also selbst erarbeitet werden. Reicht der operative Cashflow (Ausgaben minus Einnahmen aus Geschäftstätigkeit) allerdings nur aus, die notwendigen Ersatzinvestitionen (zum Beispiel Wiederkauf von abgenutzten Maschinen) zu decken, ist der Free Cashflow null und es können keine Erweiterungsinvestitionen aus eigenen Mitteln erfolgen. Nur ein positiver Free Cashflow ermöglicht weiteres Wachstum aus eigener Kraft (Selbstfinanzierung).

Oft werden mittels Erweiterungsinvestitionen auch neue Produkte oder Dienstleistungen (Innovationen) erzeugt. Dies erhöht den Leistungsumfang der Firma mit dem Ziel, Wettbewerbsvorteile zu generieren. Sofern die Innovationen bei den Kunden gefragt sind, kann das Unternehmen wachsen und Nachfrage und Umsätze erhöhen. Nur wenn diese so gross sind, dass wiederum positive Free Cashflows resultieren, kann das eigenständige Wachstum weitergehen. Grösse hat den Vorteil, dass fixe Kosten (wie zum Beispiel Forschung und Entwicklung) auf mehr produzierte Einheiten verteilt werden können und damit die Stückkosten sinken. Dennoch ist Wachstum eine grundsätzliche und damit auch grosse unternehmerische Herausforderung.

Es gibt kein unbegrenztes Wachstum (und sonst ist es krankhaft wie zum Beispiel bei Krebszellen). Ein Blick auf unseren Planeten – den einzigen, den wir haben – genügt, um dies intuitiv zu verstehen. Wachstum muss zwingend an seine Grenzen stossen. Dies ist in der physischen Welt ein sehr starker Zusammenhang. Systemisch ausgedrückt: Jedes System hat letztlich seine limitierenden Rückkoppelungen, das heisst, weist Stabilisatoren auf. Der Ausgleich besiegt das Einseitige. Die menschliche Spezies funktioniert allerdings oft anders. Mass halten gehört nicht zu den menschlichen Stärken. Nicht umsonst hat sich die Menschheit die Erde unterworfen. Menschen (insbesondere Männer) neigen dazu, Grenzen auszuloten, Leistungen auf die Spitze zu treiben, die Extreme zu suchen. Masslosigkeit, Gier, Exzesse, die Verschiebung von Grenzen sind Teil des menschlichen Wesens. Man sieht dies in vielen Bereichen, vom Sport bis zu den Drogen. Goethes «Faust» bringt es auf den Punkt: «Verweile doch, du bist so schön.» Rausch und Ekstase, die Überwindung der natürlichen Grenzen, gehören zur menschlichen Grundausstattung.

Dies zeigt sich auch in der Unternehmensführung. Sie ist ebenfalls auf «more of the same» ausgelegt: Hat ein Unternehmen Erfolg, will es diesen nicht nur behalten, sondern noch weiter ausbauen, eben wachsen. Das heisst nichts anderes, als dass Firmen versuchen, so lange wie möglich einen positiven Motor am Laufen zu halten. Sind diese Firmen zudem an der Börse kotiert, dann kommt ein starker externer Zwang zu Wachstum und Grenzenlosigkeit dazu und macht das Ganze besonders heikel. Das Motto lautet dann oft: «(Not even) the sky is the limit.»

Es ist sehr wichtig, zwei grundlegende Dinge hinsichtlich Unternehmensführung zu verstehen: Erstens kennt auch jedes unternehmerische System seine Grenzen. Es ist nur eine Frage der Zeit, bis kein weiteres Wachstum mehr möglich ist. Und zweitens wird Management heute von vielen, vor allem börsenkotierten Firmen so verstanden, diese Wachstumsgrenzen auszuloten. Egal, ob Wachstum wie an der Börse einem

Imperativ gleichkommt oder nur eine willkommene Begleiterscheinung von Erfolg ist, es stellt möglicherweise *die* zentrale Herausforderung unternehmerischen Handelns dar. Im Lebenszyklus eines Unternehmens gibt es viele kritische Phasen und Übergänge, welche «automatische Stabilisatoren» produzieren, die das Wachstum begrenzen. Will eine Firma weiterwachsen, muss sie permanent damit beschäftigt sein, die vielfältigen, immer wieder anderen Wachstumshindernisse aus dem Weg zu schaffen. Dies ist eine sehr anspruchsvolle Herausforderung, ein wahrhaft komplexes Unterfangen. Gerade börsenkotierte Unternehmen befinden sich in diesem Spannungsfeld auf einer permanenten Gratwanderung. Der Tanz auf dem Vulkan kann gelingen, aber auch im Absturz enden. Die vielen Untersuchungen[1] der letzten Jahrzehnte, die aufgezeigt haben, wie schwierig es für ein Unternehmen ist, über eine lange Zeit erfolgreich zu sein, belegen dies. Das erste Fallbeispiel in dieser Aufgabensammlung behandelt das unternehmerische Kernproblem, mit den Grenzen des Wachstums adäquat umzugehen.

Damit können wir die eingangs gestellte zweite Frage beantworten: Management heisst in unserem systemischen Verständnis, unternehmerische Zielkonflikte so auszubalancieren, dass nachhaltige Entwicklung möglich wird. In der Folge wird gezeigt, dass dies umso schwieriger wird, je ausgeprägter eine Firma eine Wachstumsstrategie verfolgt. Manager werden damit zu «Dilemmakünstlern».

Informationsgrundlage

Die Stadler Rail AG ist Schweizer Spezialistin für die Fabrikation von Zügen. Gross geworden ist sie mit Schweizer Kunden im Bereich des Stadt- und Regionalverkehrs, beispielsweise Zügen für das Zürcher S-Bahn-Netz. Dank anhaltendem Erfolg konnte Stadler Rail sowohl produkt- als auch marktseitig substanziell wachsen: Heute fertigt das Unternehmen auch Kompositionen für den Fernverkehr (zum Beispiel SBB-Doppelstockzüge) und erhält einen grossen Teil der Aufträge aus dem Ausland.[2]

Das folgende Gespräch zwischen dem Hauptaktionär und Chef von Stadler Rail, Peter Spuhler, und seinem Finanzchef (CFO) entwickelte sich in einer Geschäftsleitungssitzung vor einigen Jahren.[3] Zu diesem Zeitpunkt war Stadler Rail ausschliesslich im Schweizer Markt und im Bereich des Nahverkehrs tätig.

---

1 Wie zum Beispiel die bahnbrechende Arbeit von Peters und Waterman in den USA der 1980er Jahre, «In search of excellence», welche die «Crème de la crème» der amerikanischen Wirtschaft identifizierte. Eine der erstaunlichsten Erkenntnisse war, dass nur wenige Jahre nach der Ersterhebung mehrere vormalige Champions deutlich geschwächt waren. Selbst absolute Topunternehmen können offensichtlich in wenigen Jahren ihren Vorsprung verlieren, im schlimmsten Fall sogar Konkurs gehen.

2 Aktuelle Angaben zum Unternehmen finden sich unter www.stadlerrail.com/de/ueber-uns/

3 Das Gespräch ist nicht verbürgt, könnte sich aber durchaus so zugetragen haben.

CFO: Wir haben ein schönes Problem, Peter. Unser Free Cashflow ist ziemlich hoch.

Spuhler: Viele Firmen wären froh, sie hätten solche Probleme. Was genau meinst du?

CFO: Wir könnten die Ersatzinvestitionen gleich mehrfach aus dem operativen Cashflow zahlen. Unser Plan für Erweiterungsinvestitionen kann locker abgedeckt werden. Sollen wir mehr Cash via höhere Dividenden an die Aktionäre ausschütten? Das Geld einfach rumliegen zu lassen oder anzulegen, macht ja keinen Sinn. Schliesslich sind wir keine Bank.

Spuhler: Natürlich machen wir das nicht. Wir sollten mehr investieren.

CFO: Ich wüsste nicht, wie. In der Schweiz haben wir mit unseren Produkten ziemlichen Erfolg. Die meisten Betreiber von Bahnen im Nahverkehr sind unsere Kunden. Mir scheint der Markt ziemlich gesättigt zu sein. In der Schweiz können wir kaum noch wachsen. Was willst du hier über das Übliche hinaus investieren? Man kann auch für Investitionen Geld zum Fenster rauswerfen.

Spuhler: Ich sehe uns überhaupt nicht nur als Schweizer Marktplayer im Stadt- und Regionalverkehr. Wenn dieser Markt gesättigt ist, müssen wir in weitere Märkte und Marktsegmente vorstossen, zum Beispiel bei grossen Zügen im Interregio- und Intercityverkehr.

CFO: Ich habe da meine Zweifel, Peter. Im Fernverkehr ist die Konkurrenz ungleich härter und bekannter, denk nur an Siemens, Alstom oder Bombardier. Dagegen sind wir eine kleine Nummer.

Spuhler: Aber wir haben gute Produkte und ein grosses Know-how. Ich finde, wir müssen uns überhaupt nicht davor fürchten, in das grössere Bahnsegment vorzustossen.

CFO: Vielleicht können wir die SBB überzeugen, dass wir auch bei den grossen Zügen konkurrenzfähig sind. Als noch viel riskanter erachte ich es aber, ins Ausland zu gehen. In der Schweiz kennen uns die Kunden, aber in fremden Ländern wartet niemand auf uns.

Spuhler: Das mag sein. Es wird sicher nicht leicht. Aber wir haben keine Wahl. Wenn wir weiter wachsen wollen, müssen wir uns in neue Bereiche vorwagen, produkt- wie marktseitig. Sonst bleiben wir stehen. Und wer stehenbleibt, fällt zurück.

CFO: Das Risiko scheint mir enorm. Denk nur an die Swisscom, Peter. Seit Jahr und Tag versucht sie ihr Glück im Ausland, von Malaysia bis Deutschland. Bisher ist sie noch in jedem fremden Land gescheitert. Und die Swisscom hat noch viel mehr Free Cashflow als wir. Wäre sie nicht eine so unglaubliche Cashmaschine, hätte sie sich mit ihren erfolglosen Auslandabenteuern längst übernommen. Auch die Migros und Rivella hatten im Ausland keinen Erfolg.

Spuhler: Nur Mut, mein Freund! Wir sind nicht die Swisscom, wir können das besser. Es gibt keine Alternative zum Sprung ins kalte Wasser, sonst bleibt uns nur das Treten an Ort. Ich habe noch viele Pläne mit dieser Firma. Mir schwebt Grosses vor. Nur wer wagt, gewinnt! So, und nun lass uns nochmals den Investitionsplan angehen …

Wirkungsdiagramm Die im Text besprochenen Zusammenhänge werden nachfolgend in einem zweiteilig aufgebauten Netzwerk aufgezeigt. Der Titel zeigt jeweils das abgebildete Thema.

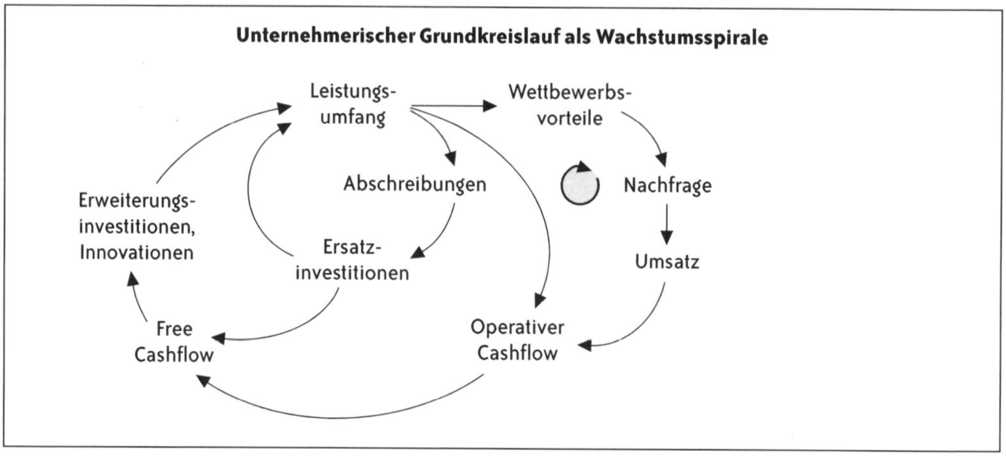

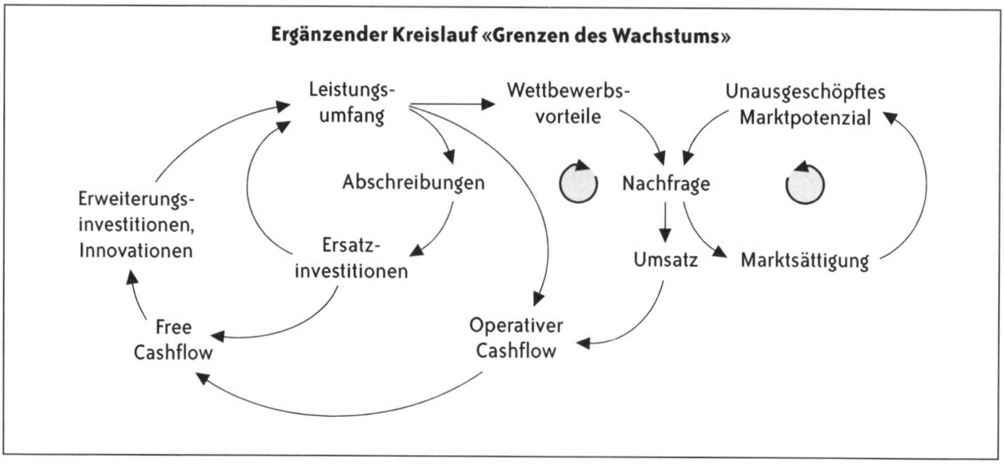

Aufgaben

(a) Tragen Sie in den Wirkungsdiagrammen bei jenen Pfeilen ein Minus ein, bei denen eine entgegengesetzte Beziehung besteht (je kleiner, desto grösser; je grösser, desto kleiner). Zeichnen Sie in allen Kreisläufen ein, ob es sich um Motoren oder Stabilisatoren handelt.

(b) Das erste Netzwerk zeigt die angestrebte unternehmerische Wachstumsspirale. In der Realität funktioniert das Modell oft nicht wie gewünscht. Es gibt bei den Wirkungsbeziehungen verschiedenste Stolpersteine mit der Folge, dass sich der Effekt umkehrt (und den Kreislauf dämpft statt verstärkt). Nennen Sie konkrete Hindernisse und Probleme, welche zwischen folgenden Grössen auftreten und die erwünschte Wirkung verhindern:
- Free Cashflow → Erweiterungsinvestitionen;
- Erweiterungsinvestitionen → Leistungsumfang (es gibt das schöne Bonmot: «Unternehmen gehen Konkurs, nachdem sie sich einen glänzenden neuen Hauptsitz gebaut haben»);
- Leistungsumfang → Wettbewerbsvorteile;
- Wettbewerbsvorteile → Nachfrage;
- Leistungsumfang → Operativer Cashflow.

(c) Ziehen Sie ein Fazit: Wie «einfach» ist es in der Realität, das Wunschmodell der Wachstumsspirale zu erreichen (selbst wenn die nachfolgend thematisierten externen Marktbegrenzer noch nicht berücksichtigt werden)?

(d) Erklären Sie die Wirkung des externen Wachstumsbegrenzers im zweiten Netzwerk mit eigenen Worten. Zeichnen Sie ein xy-Diagramm, in welchem sie aufgrund des vollständigen Modells die Nachfrage in Abhängigkeit von der Zeit sowie die Grenzen des Wachstums darstellen. Ziehen Sie ein gesamtes Fazit hinsichtlich der unternehmerischen Möglichkeiten zu permanentem Wachstum.

(e) Was können Unternehmen tun, um die Grenzen des Wachstums hinauszuschieben? Argumentieren Sie anhand der Grössen im Modell.

(f) Nestlé ist der grösste Nahrungsmittelhersteller der Welt und ein Musterbeispiel für erfolgreiches, kontinuierliches Wachstum. In den mehr als hundert Jahren seit Gründung hat es Nestlé in den allermeisten Jahren geschafft, Umsatz und meist auch Gewinn zu steigern. Dies wurde erreicht, indem Nestlé weltweit immer mehr Länder erobert hat und produktseitig permanente Innovationen vorantreibt, teilweise in neuen Marktsegmenten wie Wasser, Fertiggerichte, Heimtiernahrung und Nutrition Healthcare (Produkte mit einem Gesundheits-Zusatznutzen wie etwa das probiotische Joghurt LC1 oder Babynahrung). In einem Interview in der «Finanz und Wirtschaft» vom 14. Januar 2012 wird der Nestlé-Chef Paul Bulcke mit der Headline zitiert: «Ein Unternehmen, das zu wachsen aufhört, beginnt zu sterben.» Nun gibt es viele, beispielsweise gewerbliche Unternehmen, welche seit langer Zeit erfolgreich wirtschaften, ohne zu wachsen. Ausserdem wissen wir inzwischen, wie anspruchsvoll es ist, über längere Zeit kontinuierlich zu wachsen. Erklären Sie, warum Wachstum dennoch ein absolut zentrales Ziel von Nestlé ist. Berücksichtigen Sie dabei auch, dass Nestlé börsenkotiert ist.

(g) Nebst externen gibt es auch immer wieder feststellbare interne Wachstumsbegrenzer im Lebenszyklus eines Unternehmens. Erklären Sie diese.

(h) Wie wir gesehen haben, kann Wachstum grundsätzlich produkt- und/oder marktseitig erfolgen.[1] Ein gutes Beispiel ist Caran d'Ache (Karandasch heisst übrigens Bleistift auf Russisch), der Schweizer Hersteller von Farbstiften. Der Familienbetrieb mit circa dreihundert Angestellten behauptet sich in der Schweiz in einem gesättigten Markt als «Hoflieferant» vieler Schulen mit einem substanziellen Marktanteil gegen Giganten wie Faber-Castell. In den vergangenen Jahren hat sich Caran d'Ache Wachstum sowohl produkt- wie marktseitig erschlossen: edle bis exklusive Schreibgeräte sowie Accessoires werden weltweit vertrieben.
Geben Sie an, welchen Weg die folgenden Unternehmen genommen haben: Ovomaltine (Wander), Swatch, Mercedes, McDonald's, Pepsi, Google. Können Sie eine Wachstumsregel für erfolgreiche Unternehmen ableiten?

(i) Mehrere Schweizer Unternehmen hatten bei der Expansion in andere Länder keinen Erfolg. Begründen Sie kurz, warum wohl Swisscom, Migros und Rivella bisher gescheitert sind.

(j) Schätzen Sie das Risiko von (forcierten) Wachstumsstrategien ab und erklären Sie, wieso Nestlé primär organisch (das heisst aus eigener Kraft via Selbstfinanzierung und nicht durch Unternehmenszukäufe) und mit einem Ziel von 5 bis 6 % wachsen will.

(k) Was ist Ihre persönliche Meinung zu diesem unternehmerischen Kernthema: Sollen Unternehmen bewusst wachsen oder primär andere Ziele verfolgen? Begründen Sie Ihre Meinung.

---

1 Die Ansoff-Matrix zeigt diese Wachstumsmöglichkeiten auf. Sie unterscheidet die vier Felder (bestehende bzw. neue Produkte/Dienstleistungen und Märkte) der Marktdurchdringung, Produktentwicklung, Marktentwicklung und Diversifikation.

2-3 Anlagenbau AG: Gutes Management dank Verständnis der Erfolgslogik

Problemstellung

Unternehmen sind in der Tradition von Hans Ulrich, dem Begründer des St. Galler Managementmodells, zweckorientierte soziale Systeme. Sie haben Ziele, welche sie mit Hilfe der Mitarbeitenden zu erreichen versuchen. Dabei ergeben sich Zielkonflikte (Beispiele: hochwertige Produkte zu einem günstigen Preis anbieten; neue Produkte entwickeln und Kosten sparen; genug Geld für Investitionen haben und Dividenden auszahlen), und die Zusammenhänge sind komplex. Management ist alles andere als eine triviale Sache.

Gutes Management heisst, in einem unternehmerischen Gesamtsystem Ziele mit den verfügbaren Hebeln unter Beachtung von nicht veränderbaren Rahmenbedingungen zu erreichen. Eine systemische Qualität hat Management dann, wenn Führungskräfte dank fundiertem Verständnis für die Zusammenhänge ihre Ziele zur gewünschten Zeit, effektiv und effizient erreichen. Dies ist möglich, wenn die Führungskräfte die Wirkungen ihrer Handlungen und der Rahmenbedingungen auf die Ziel- und Messgrössen des Unternehmens richtig abschätzen können. Voraussetzung ist, dass sie «ihr Geschäft verstehen», das heisst, das System und seine Dynamik begreifen und sinnvoll Einfluss ausüben. Ein guter Segler weiss, welche Segel bei starker See für einen bestimmten Kurs zu setzen sind und wie das Ruder dazu gestellt werden muss.

Für die Unternehmensführung kann die Darstellung der unternehmerischen Erfolgslogik gute Dienste leisten. Das Netzwerk zeigt die Einflussfaktoren (Segel, Ruder, Wind und Strömung) auf und hilft, die Wirkungsdynamik (Kurs) richtig abzuschätzen. Auf dieser Grundlage können nicht veränderbare externe Faktoren (Rahmenbedingungen wie Wind und Strömung) erkannt, sinnvolle Ziele (Indikatoren wie Kurs oder Geschwindigkeit) identifiziert sowie ganzheitliche und zielgerichtete Massnahmen bezüglich der Lenkbarkeiten (Hebel wie Segel und Ruder) abgeleitet werden. Die Erfolgslogik kann dazu beitragen, einen Orientierungsrahmen für komplexe Fragen und Problemstellungen zu entwickeln, damit gutes Management gelingt. Damit fährt das Segelboot zur gewünschten Zeit im richtigen Hafen ein.

Informationsgrundlage

Die Anlagenbau AG (ABAG) ist Schweizer Spezialistin für die Montage von kompletten Industrieanlagen. Dazu gehören zum Beispiel der Bau von Rohrleitungssystemen, Energie- und Recyclinganlagen (zum Beispiel Kraftwerke, Abwasserreinigungsanlagen) oder Chemiefabriken (zum Beispiel Erdölraffinerien). Die ABAG erstellt anspruchsvolle Gesamtlösungen und übergibt sie dem Kunden schlüsselfertig. Auf der Grundlage der Kundenbedürfnisse werden die Anlagen geplant, konstruiert, deren Materialien eingekauft, produziert und weltweit beim

Kunden montiert. Dazu braucht es umfassende Kernkompetenzen, insbesondere in der Planung und Konstruktion, der Schweisstechnik sowie der Endmontage. Die ABAG ist dafür bekannt, flexibel und kundenorientiert sehr komplexe Aufträge mit hoher Qualität abzuwickeln. Die Anlagen haben ihren Preis, sind es aus Sicht der Kunden allerdings auch wert. Kompromissloses Qualitätsdenken ist denn auch das Credo der ABAG. Weil der Bau komplexer Anlagen sehr wissensbasiert ist, kommt der permanenten Investition in Forschung und Entwicklung eine zentrale Rolle zu. Ebenso entscheidend ist, die Mitarbeitenden laufend weiterzubilden und das bestehende Wissen auf dem neuesten Stand zu halten. In diesem Geschäft ganz wichtig ist zudem eine möglichst hohe Erfolgsquote bei den Offerten, denn diese sind für solch komplexe Anlagen sehr anspruchsvoll und aufwendig zu erstellen.

Heute ist der erste Arbeitstag von Paul Stoffel in seiner neuen Funktion als Chef der Anlagenbau AG (ABAG). Josef Bär, der bisherige Seniorchef, übergibt seinem Nachfolger die Schlüssel.

Bär: Sorge gut für unser Kind, Paul. Die ABAG ist eine Perle.

Stoffel: Ich werde mir Mühe geben, Sepp. Besten Dank für dein Vertrauen. Ich will versuchen, deine erfolgreiche Leitung weiterzuführen.

Bär: Du brauchst nicht alles gleich zu machen wie ich. Ich hatte meine blinden Flecke und Schwächen. Neue Besen kehren gut.

Stoffel: Dank der technologischen Kompetenz ist die ABAG heute spitze. Ich möchte diese Position auch in Zukunft halten. Das gelingt, wenn wir noch flexibler auf die Bedürfnisse unserer Kunden eingehen, fortschrittlichere Produkte entwickeln und bessere Dienstleistungen anbieten.

Bär: Das ist richtig. Dafür braucht es gute Leute. Wir sind ein sehr guter Arbeitgeber, schauen zu unseren Mitarbeitenden, zahlen hohe Löhne. Die Fluktuationsrate ist gering. Hier liegt der Schlüssel zum Erfolg. Wenn du Erfolg haben willst, pflege die Kultur, Paul! Und achte auf die Preise! So, und nun gehe ich. Man soll die Jungen machen lassen und nicht mehr dreinreden.

Stoffel: Schöne Zeit, Sepp! Geniess den neuen Lebensabschnitt! Und danke für alles.

Bär: Mir wird es bestimmt nicht langweilig. Mach's gut, Paul!

Stoffel: Mach's besser, Sepp!

Paul Stoffel ist schon seit einigen Jahren bei der ABAG beschäftigt. Er kennt die Firma mit ihren zweihundert Mitarbeitenden gut. Trotzdem war er froh, dass er zur Vorbereitung auf die neue Leitungsfunktion zusammen mit der alten Geschäftsleitung einen Workshop durchführen konnte, an dem die Erfolgslogik der ABAG zusammen erarbeitet und diskutiert wurde. Dieses Netzwerk hilft ihm, die Zusammenhänge noch besser zu verstehen. Damit hofft er, bessere Managemententscheide treffen zu können. Schliesslich möchte er, dass seine Handlungen möglichst erfolgreich sind und die gewünschten Wirkungen entfalten. Die Erarbeitung des Netzwerks hat auch geholfen, das Führungsteam noch stärker zusammenzuschweissen und auf einen gleichen Nenner zu bringen. Paul Stoffel ist zuversichtlich und freut sich auf seine neue Aufgabe.

Wirkungsdiagramm

Das nachfolgende Netzwerk[1] zeigt die von der Geschäftsleitung definierte Erfolgslogik der ABAG auf.

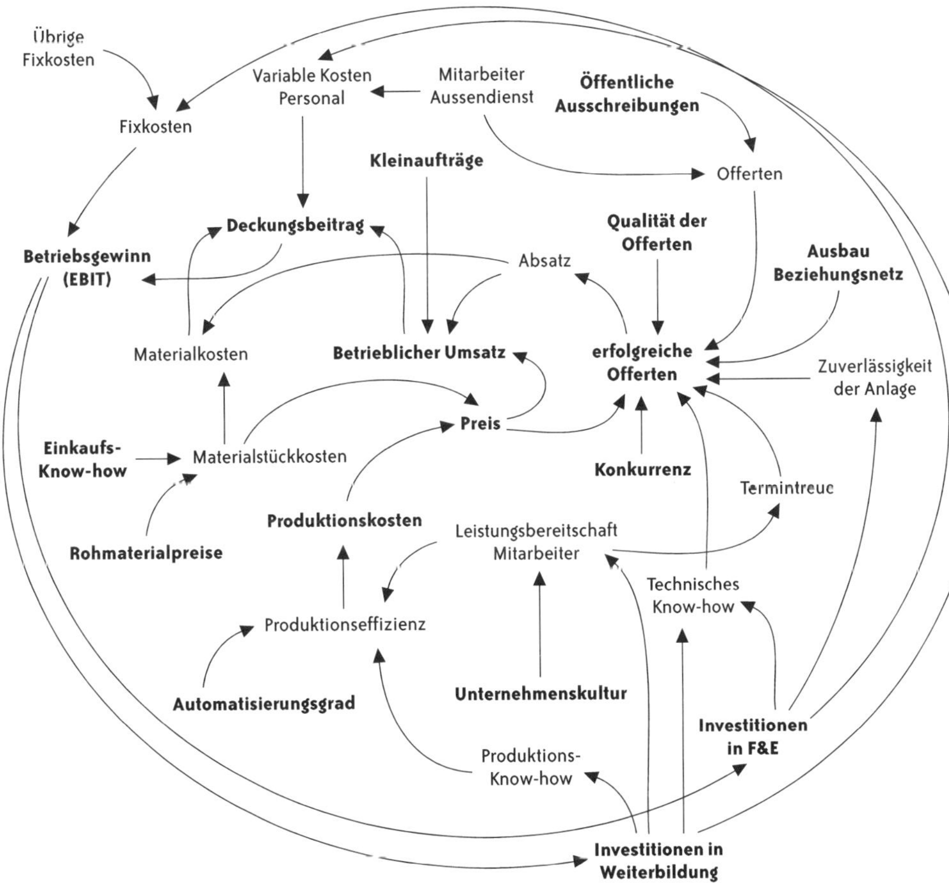

Deckungsbeitrag = Umsatz – variable Kosten (Material, Personal)
F&E = Forschung und Entwicklung
EBIT = Earnings before Interest and Taxes (Betriebsgewinn vor Zinsen und Steuern)

1 Das Netzwerk zeigt ausschnitthaft die tatsächliche Erfolgslogik eines schweizerischen Anlagenbauers auf. Diese wurde im Rahmen eines KTI-Forschungsprojektes erarbeitet.

Aufgaben

(a) Tragen Sie in den Wirkungsdiagrammen bei jenen Pfeilen ein Minus ein, bei denen eine entgegengesetzte Beziehung besteht (je kleiner, desto grösser; je grösser, desto kleiner).

(b) Bezeichnen Sie im Netzwerk alle **fetten** Grössen wie folgt:
- Markieren Sie Rahmenbedingungen mit einem Rechteck.
- Unterstreichen Sie Indikatoren.
- Umrunden Sie Hebel mit einem Oval.

(c) Identifizieren Sie die beiden Grundkreisläufe und markieren Sie jenen mit der Grösse «Investitionen in F&E» mit gelbem Leuchtstift, jenen mit der Grösse «Investitionen in Weiterbildung» mit grünem Leuchtstift.

(d) Welche der Rahmenbedingungen helfen der ABAG? Bilden Sie dazu je einen vollständigen Satz in der Form von: «Je grösser oder kleiner Rahmenbedingung x, desto günstiger für die ABAG.»

(e) Nennen Sie die beiden zentralen Indikatoren für die ABAG und begründen Sie ihre Entscheidung.

(f) Stellen Sie in einem xy-Diagramm folgende Grössen in Abhängigkeit des Absatzes (das heisst der verkauften Menge) dar: Fixkosten, variable Personalkosten und Materialkosten zusammen, betrieblicher Umsatz. Zeichnen Sie nun in der Grafik den Deckungsbeitrag sowie den Betriebsgewinn (EBIT) ein. Bezeichnen Sie den Breakeven-Punkt auf der x-Achse. Erläutern Sie den Deckungsbeitrag und stellen Sie den Deckungsbeitrag sowie die fixen Kosten zueinander in Beziehung.

(g) Erläutern Sie, welche Auswirkungen Investitionen in F&E im Modell der Erfolgslogik der ABAG auf den Deckungsbeitrag haben bzw. haben sollten.

(h) Investitionen in F&E werden bei der ABAG offensichtlich als Fixkosten betrachtet (vgl. Erfolgslogik). Betrachten Sie es als sinnvoll, dass diese Aufwände nicht vom Absatz abhängig sind? Welches ist im Modell die Voraussetzung, dass F&E-Aufwendungen überhaupt als Fixkosten behandelt werden können?

(i) Die variablen Kosten setzen sich aus Materialkosten und variablen Personalkosten zusammen. Was bedeutet Letzteres in der Praxis? Beschreiben Sie die im Modell abgebildete Personalpolitik der ABAG mit eigenen Worten und beurteilen Sie sie. Was wird der Produktionsleiter mit Blick auf die Produktionskosten hinsichtlich künftiger Weiterbildungspolitik fordern?

(j) Paul Stoffel hat noch Josef Bär im Ohr: «Achte auf die Preise!» Erklären Sie mit eigenen Worten, welche Auswirkungen die Preispolitik auf den betrieblichen Umsatz hat. Welche Preispolitik empfehlen Sie Herrn Stoffel (eher hohe Preise wie bisher oder tiefere Preise wie die Konkurrenz)? Begründen Sie ihre Lösung.

(k) «Pflege die Kultur», hat Josef Bär geraten. Mit welchen (bisher nicht im Netzwerk enthaltenen) Indikatoren könnte man den Erfolg der Kulturpflege messen? Nennen Sie konkrete Massnahmen zur Förderung der Unternehmenskultur.

(l) Ein Freund, dem Paul Stoffel das Netzwerk zeigt, sagt leicht spöttisch: «Bei der Unternehmenskultur sieht man, dass das Netzwerk von Technikern und nicht von Wirtschaftern erstellt wurde.» Paul Stoffel ist erstaunt. Der Freund meint nur: «Unternehmenskultur ist doch ein Indikator, oder kannst du die Kultur direkt steuern?» Nennen Sie der Kultur zugrunde liegende Faktoren (Hebel), welche diese prägen und durch die Geschäftsleitung beeinflusst werden können.

2-4 Turbo AG: Grenzen des fremdfinanzierten Wachstums

Problemstellung

Die USA und die Euro-Länder sind hoch verschuldet und werden Jahre brauchen, um dieses Problem auch nur einigermassen in den Griff zu kriegen. Die Medizin, soll sie wirken, wird bitter sein. Es gibt keine angenehmen Strategien im Umgang mit zu viel Schulden. Das Messer muss tief einschneiden. Das haben viele Unternehmen in den letzten Jahren sozusagen am eigenen Leib erfahren. Schulden machen ist nämlich vor allem seit 1980 ein eigentlicher Megatrend. Nicht nur Staaten, auch Unternehmen und Private (vor allem in den USA) haben sich seitdem deutlich höher verschuldet als in den Jahrzehnten zuvor. Im Unterschied zu vielen Ländern haben einige Unternehmen die schmerzliche Erfahrung der Bewältigung einer zu hohen Schuldenlast bereits hinter sich. Verschiedene Unternehmen haben dabei überlebt und erfreuen sich wieder guter Gesundheit.

Was lässt Schuldenmachen so attraktiv erscheinen, dass es seit ein paar Jahrzehnten so viele tun? Man kann damit Hebelstrategien umsetzen, sogenannten «Leverage» (englisch für Hebel). Leverage wurde tatsächlich nach 1980 zu einem staatlichen und unternehmerischen, ja gesellschaftlichen Schlüsselthema. Es ist deshalb so verführerisch, weil man damit Wachstum auf Pump erzielen kann. Bei den Staaten bedeutet eine wachsende Verschuldung, mit der Kreditkarte der künftigen Generationen einkaufen zu gehen. Junge und Ungeborene sitzen noch nicht im Parlament, können sich schlecht dagegen wehren und haben keine Lobby. Staaten können deshalb relativ gefahrlos diesen Weg gehen. Auch wenn sich Mehrheiten finden lassen: Nachhaltigkeit sieht anders aus.

Auch unternehmerisch lässt sich gut hebeln. Das kann durchaus sinnvoll sein. Haben erfolgreiche Firmen keine Möglichkeit, Fremdkapital aufzunehmen, können sie nur aus eigener Kraft wachsen. Dies bedeutet, dass die Selbstfinanzierung das Wachstum begrenzt. Nur über selbsterarbeitete und nicht ausgeschüttete Gewinne können weitere Investitionen getätigt werden. Ein Unternehmen mit gefragten Produkten wird damit in seiner Expansion limitiert: Unter Umständen kann kein ausländischer Markt erobert, kein neues Produkt entwickelt oder kein anderes Unternehmen aufgekauft werden. Nur aus eigener Kraft hätte es Coca-Cola wohl nicht über den Atlantik geschafft, und McDonald's würde es vielleicht erst in den USA geben. Fremdfinanzierung, also die Aufnahme von Krediten, kann es erfolgreichen Unternehmen ermöglichen, deutlich schneller als nur über selbsterarbeitete Mittel zu wachsen. Fremdfinanzierung ist deshalb grundsätzlich eine sehr sinnvolle Sache, weil sie die unternehmerische Entwicklung deutlich beschleunigen kann. Sehr verführerisch wird sie im Falle von rentablen Unternehmen, weil man durch die Aufnahme von billigerem Fremdkapital die Eigenkapitalrendite erhöhen kann: Der Leverage-Effekt besagt, dass Unternehmen dies gelingt, sofern der Fremdkapitalzins tiefer als die Gesamtkapitalrendite ist. In diesem Falle funktioniert Leverage wie ein Turbolader. Nicht nur das Wachsen wird einfacher, sondern die Eigentümer erhalten auch noch mehr Rendite auf ihrem eingesetzten Kapital. Diese verlockende Aussicht bringt es mit sich, dass Geschäftsleitungen sehr viel Mut und Standhaftigkeit brauchen, um nicht der Versuchung des übermässigen Leverage zu erliegen. Dies gilt in besonderem Mass für börsenkotierte Firmen, weil die Börse bekanntlich geradezu Wachstum einfordert. Selbst ein sehr erfolgreiches und rentables Unternehmen ist an der Börse ohne Wachstumsphantasie ziemlich unsexy. Die Swisscom kann davon ein Lied singen (und ihre im Namen des Wachstums über viele Jahre allesamt gescheiterten Auslandinvestitionen auch).

Fazit: Fremdfinanzierung kann im positiven Sinne sehr viel beschleunigen und hebeln. Der Preis des Wachstums heisst allerdings Risiko. Eine Leverage-Strategie ist sehr viel risikoreicher als die beschauliche, aber sichere Selbstfinanzierung. Für Unternehmen ist der risikobewusste Fremdkapitaleinsatz ausgesprochen anspruchsvoll. Es ist eine permanente Verlockung, den Booster einzusetzen. Weniger wunderbar ist dummerweise der Rückwärtsgang. Der Turbolader bleibt nämlich bestehen, was beim Rückwärtsfahren ziemlich gefährlich sein kann.[1]

Der in Zug beheimatete Raffineriebetreiber Petroplus musste dies 2012 erfahren. 2005 war die Firma eine kleine Gesellschaft, die zwei Anlagen betrieb: Cressier im Kanton Neuenburg sowie Teesside in England. «Das Rohöl war günstig, die Nachfrage nach Benzin, Diesel und Kerosin hoch. Die Margen in der Branche waren fett. Alle an der Verarbeitungskette Beteiligten profitierten, sämtliche europäischen Raffinerien erzielten in jenem Jahr üppige Gewinne.»[2] Ende November 2006

---

1 Im Falle des negativen Leverage-Effekts (Fremdkapitalzinsen sind höher als die Gesamtkapitalrendite) fressen die Zinszahlungen die Eigenkapitalrendite weg. Ein Excel-Sheet zur einfachen Simulation des Leverage-Effekts kann per Mail bei urs.mauchle@ost.ch angefordert werden.

2 Artikel zu Petroplus aus der Handelszeitung vom 5.1.2012, S. 11, mit dem Titel «Absturz mit Ankündigung». Die weiteren Angaben und Zitate im Text stammen aus dieser Quelle.

wurde die Firma an die Börse gebracht. Der Chef verkündete: «Unser Ziel ist es, der grösste unabhängige Raffineriebetreiber in Europa zu werden.» Bis 2005 war Petroplus im Vergleich zu den Branchengrössen wie Total, Shell oder Exxon Mobil eine kleine Nummer. Die Wachstumsstory beflügelte die Börse: Der Kurs kannte nur noch den Weg nach oben. In der Folge kaufte Petroplus vier weitere Raffinerien auf. Das Geld für die Expansion kam aus einer Kapitalerhöhung und vor allem in Form von Fremdkapital von den Banken. Der Aktienkurs verdoppelte sich innerhalb von wenigen Monaten. Ende 2007 konnte die Firma stolze Zahlen präsentieren: Petroplus hatte den Umsatz auf 14 Milliarden Dollar verdoppelt, den Gewinn auf 310 Millionen vervierfacht. Der Niedergang begann im Sommer 2008. Die Raffineriebranche geriet nach fünf goldenen Jahren jäh in den Strudel der Finanzkrise. Die Nachfrage brach ein. Das Unternehmen schraubte den Umsatz dank aggressiver Expansion noch auf 24 Milliarden hoch, doch der Erfolg war mit −517 Millionen bereits tiefrot. Die Aktie setzte zum Tauchgang an. Petroplus musste das forcierte Wachstum teuer bezahlen: 2009 und 2011 wurden die ersten beiden Anlagen verkauft, 2012 weitere drei Betriebe heruntergefahren. Die Liquidität reichte Anfang 2012 gerade noch aus, die beiden rentabelsten Raffinerien mit Nachschub an Rohöl zu versorgen. Nachdem die Verhandlungen mit den Banken scheiterten, musste Petroplus noch im Januar 2012 Insolvenz beantragen. Ein Kritiker sagte zur Strategie: «Bei Petroplus waren Zocker am Werk, die nach der Devise handelten: Schnell reich werden, spekulieren und hoffen, dass alles gut geht.» Der Chart zeigt die Kursentwicklung seit dem Börsengang.

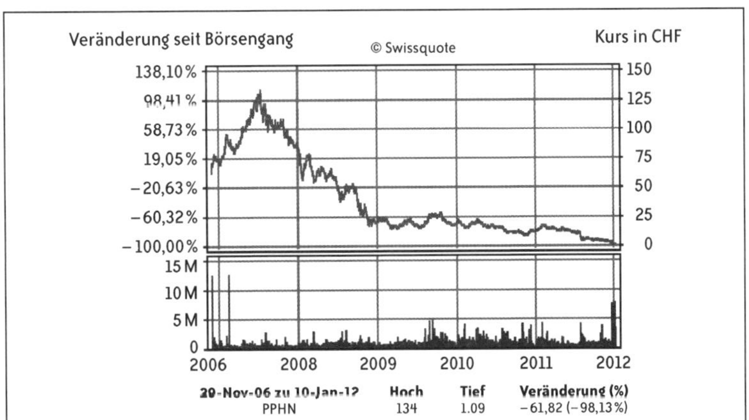

Der folgende Fall zeigt die Herausforderungen des fremdfinanzierten Wachstums bei dem Start-up-Unternehmen Turbo AG auf.

Informationsgrundlage Im nachfolgenden Interview befragt Claudia Gut, Journalistin bei der Fachzeitschrift «Wirtschaftswoche», den CEO der Turbo AG, Rico Stürmer. Herr Stürmer ist ein erfahrener Unternehmer, der Leverage-Strategien kennt.

Gut: Herr Stürmer, Sie haben als Unternehmer schon viel erlebt. Wie fing alles an?

Stürmer: Meine Kollegen Schlau, Fuchs und ich, wir hatten uns ja ziemlich bald nach Abschluss unseres Studiums selbständig gemacht und eine AG gegründet. Die Mittel brachten wir selber ein. Glücklicherweise kann man in unserem Gebiet auch mit wenig Kapital in einer Nische forschen und Neues hervorbringen. Wir wollten einfach unser eigener Herr und Meister sein und glaubten an unsere Chance. Bald konnten wir einen Coup landen: Wir entdeckten ein Verfahren, das die Heilung von schwierigen Wunden deutlich verbessert. Das Verfahren kostete nicht viel und ergab nicht nur bessere Resultate als die bisherigen, sondern führte auch noch schneller zu guten finanziellen Ergebnissen. Uns ist wirklich ein eigentlicher Durchbruch geglückt!

Gut: Man erzählt sich, Sie hätten mit Champagner auf die Entdeckung angestossen.

Stürmer: Das ist richtig. Wir waren jung, und wir fühlten uns, als stünde uns die ganze Welt offen. Es ist eine tolle Sache, so eine Innovation schnell hervorbringen zu können. Wenn man bedenkt: Andere haben viel weniger Glück und bringen nichts zustande, bis das ganze Geld aufgebraucht ist. Die Überlebensrate von Start-ups beträgt in der Schweiz meines Wissens weniger als fünfzig Prozent in den ersten fünf Jahren. Und wir gehörten zu denjenigen auf der Sonnenseite!

Gut: Was passierte dann?

Stürmer: Schnell begannen sich Schweizer Spitäler für unser Produkt zu interessieren. Wir gewannen viele Kunden und konnten in Jahresfrist einen schönen Umsatz erzielen. Bereits im zweiten Geschäftsjahr war dieser so gross, dass am Ende etwas übrig blieb und wir einen Gewinn verbuchen konnten.

Gut: Diesen haben Sie sich aber nicht ausbezahlt …

Stürmer: Nein, das kam für uns überhaupt nicht in Frage. Wir sahen riesige Chancen für unser Baby, nebst der Schweiz auch im Ausland. Deshalb wollten wir alles erarbeitete Geld sofort wieder reinvestieren, unsere Forschungsausrüstungen ausbauen, neues Personal einstellen und wachsen. Wir waren uns bewusst, dass die Konkurrenz nicht schläft und uns über kurz oder lang kopieren würde, vielleicht sogar zu tieferen Kosten. Deshalb wollten wir unsere Produktpalette vergrössern und mittels weiterer Innovationen den Abstand zur Konkurrenz sicherstellen. Dafür brauchten wir aber mehr flüssige Mittel!

Gut: Kann man also sagen, dass am Anfang die Liquidität der Engpassfaktor war?

Stürmer: Absolut! Unser Ziel war es bekanntlich, so schnell wie möglich zu wachsen, und ohne Geld können Sie keine weiteren Investitionen vornehmen. Die eigenen Mittel waren ja bereits alle in der Firma drin, sodass wir zu Beginn nur über die erzielten Gewinne das Wachstum finanzieren konnten. Und obwohl wir für ein Start-up schöne Gewinne erzielten, ging es uns zu langsam.

Gut: Nomen est omen, nicht wahr, Herr Stürmer?

Stürmer: (Lacht) Ja, genau. Mir ging es schon immer nie schnell genug. Wir waren wirklich hungrig.

Gut: Und deshalb suchten Sie einen Hebel, um die Barmittel zu erhöhen.

Stürmer: Richtig. Glücklicherweise waren die Banken auf uns aufmerksam geworden. Damals, zu Beginn der neunziger Jahre, herrschten noch andere Sitten als heute. Die Kreditvergabe war weniger regelgebunden, man kam noch ohne Business-Plan zu Fremdkapital. Wir konnten die Bank schnell überzeugen. Weil unsere Geschäfte so gut liefen, war es möglich, innert fünf Jahren drei Mal substanzielle Kredite aufzunehmen und damit unsere Liquidität zu boosten. Es war wirklich ein Hebel, und wir konnten mit neuen Investitionen unser Sortiment massiv erneuern und erweitern. Bis dahin klappte alles gut …

Gut: Haben Sie rückblickend den Eindruck, Sie hätten etwas anders machen sollen?

Stürmer: Ja, klar. Hinterher ist man immer gescheiter. Zu dem Zeitpunkt sahen wir unsere Chancen und haben sie konsequent genutzt. Natürlich sind wir volles Risiko gefahren, aber wir dachten: No risk, no fun! Schliesslich musste doch unsere Bank das Risiko kalkulieren. Wir sagten uns: Die sind doch die Profis und müssen die Kreditvergabe im Griff haben! Wir fanden, dass es der Job des Unternehmers sei, Möglichkeiten zu nutzen, und nicht, die Zeit mit Gedanken zu verplempern, was alles passieren könnte.

Gut: Viele Firmeninhaber sehen das anders, wahrscheinlich auch, weil in den letzten zwanzig Jahren in der Schweiz selbst sehr grosse und bekannte Unternehmen zu stark fremdfinanziert wachsen wollten und sich dabei übernommen haben, denken wir nur an Namen wie ABB, Ascom, Nobel Biocare, OC Oerlikon, Petroplus, Swiss Re, UBS und CS …

Stürmer: Ich weiss. Dazumal dachten wir: Unternehmer können nur dann erfolgreich sein, wenn sie ihre Chancen beim Schopf packen und alles für den Erfolg tun. Wenn man wachsen kann, dann muss man dies unbedingt tun! Vielleicht erhält man nur einmal im Leben eine solche Gelegenheit wie wir, und wir wären schön blöd, nicht auf den fahrenden Zug aufzuspringen!

Gut: Dieser fuhr tatsächlich immer schneller …

Stürmer: Ja, wir konnten die Turbo AG in fünf Jahren enorm vergrössern, vor allem auch durch die Kredite unserer Hausbank. Offensichtlich waren wir bis dahin kreditwürdig. Die Liquidität stimmte, und auch die Gewinne waren in Ordnung. Durch die Selbstfinanzierung wuchs das Eigenkapital über die Jahre, und unsere Eigenkapitalrentabilität konnte sich sehen lassen. In den ersten Jahren betrug sie teilweise mehr als dreissig Prozent!

Gut: Was brachte Sie in Schwierigkeiten?

Stürmer: Wie immer ein Bündel von Faktoren. Die wichtigsten waren: Erstens waren auch grosse, bekannte Firmen auf das neue Geschäftsfeld aufmerksam geworden. Sie waren in der Lage, in wenigen Jahren sehr grosse Summen zu investieren. Unser Innovationsvorsprung schmolz dahin wie Schnee an der Frühlingssonne.

Gut: (Ironisch) Lassen Sie mich raten: Dies schlug auf die Erfolgsrechnung durch, nicht wahr?

Stürmer: Ja, klar. Die Umsätze stagnierten, die Gewinne wurden kleiner und verschwanden schliesslich ganz. Dummerweise wurde uns erst jetzt bewusst, welche Zinslast wir mit den vielen Krediten zu tragen hatten. In den guten Zeiten hatten wir dies gar nicht bemerkt. Das war der zweite zentrale Faktor.

Gut: Die Last der Fremdfinanzierung! Diese Bürde haben schon viele zu spüren bekommen.

Stürmer: Leider wird einem dies im Rausch des Erfolgs zu wenig bewusst. Die Kredite drückten schwer auf der Aufwandseite und frassen uns die letzten Überschüsse weg. Als wir in den roten Zahlen waren und die Liquidität knapp wurde, wollten wir die Flucht nach vorne antreten. Wir baten unsere Bank um einen erneuten Kredit. Die Reaktion hat uns sehr erstaunt.

Gut: Fiel sie ungnädig aus?

Stürmer: Und wie! In guten Zeiten wurden wir hofiert, nun hat man uns bescheinigt, dass wir nicht mehr kreditwürdig seien! Sowohl Sicherheit als auch Rentabilität würden eine mangelnde Bonität anzeigen. Der Eigenfinanzierungsgrad sei viel zu klein, und die Eigenkapitalrendite gar negativ.

Gut: Also bekamen Sie keinen Kredit mehr?

Stürmer: Noch schlimmer: Die Bank beschied uns, angesichts des deutlich erhöhten Risikos müsse sie die Zinsen auf den bestehenden Krediten erhöhen! Und sollte die Situation sich nicht bald verbessern, sehe sie sich gezwungen, Kredittranchen zurückzufordern. Damit waren wir am Tiefpunkt angelangt. Nicht nur war unser Wachstum gestoppt, wir mussten sogar einen Konkurs befürchten.

Gut: War es wirklich so arg?

Stürmer: Denken Sie nur: Wenn Ihnen die flüssigen Mittel ausgehen und sie statt mit neuem Geld mit der Aussicht konfrontiert werden, Fremdkapital zurückzahlen zu müssen, dann ist guter Rat teuer. Nicht erst die Swissair musste bitter erkennen, dass es aus ist, wenn man nicht mehr zahlen kann und die Banken sich sperren.

Gut: Glücklicherweise fanden Sie einen Ausweg.

Stürmer: Ja, wir kamen noch einmal davon. Aus eigener Kraft hätten wir den Kopf nicht mehr aus der Schlinge ziehen können. Aber unser grösster Konkurrent, die Wega AG, wollte die Firma wegen der guten Produkte und der Innovations-Pipeline retten und hat sie schliesslich übernommen. Für uns Aktionäre war das finanziell nicht so toll, aber wenigstens konnte das Unternehmen weitermachen.

Gut: In Amerika heisst es, dass man kein guter Unternehmer sein kann, wenn man nicht wenigstens einmal Konkurs gegangen ist.

Stürmer: Es war ein gehöriger Lehrblätz für uns. Wir alle haben gelernt, dass man es mit dem Wachstum auch übertreiben kann, vor allem, wenn man volle Pulle auf Fremdkapital setzt. Und vor allem haben wir gelernt, dass man das Risikomanagement nicht einfach der Bank überlassen sollte. Sonst kann man ziemlich schnell ziemlich unliebsame Überraschungen erleben! Gerade für junge Unternehmer ist diese Erkenntnis sehr wichtig. Statt voll auf die Karte Wachstum zu setzen und ein hohes Risiko einzugehen, sollte die Nachhaltigkeit im Vordergrund stehen. Ich versuche, dies heute mit meiner neuen Firma zu berücksichtigen.

Gut: Herr Stürmer, besten Dank für dieses interessante Gespräch, und weiterhin viel Erfolg als Unternehmer!

Stürmer: Danke. Übrigens: die Bank habe ich auch gewechselt. Schliesslich ist dies für einen Betrieb eine zentrale Beziehung. Ich setze jetzt auf eine Bank, die ebenfalls eine nachhaltige Politik fährt und nicht mit vollem Risiko wachsen will.

Wirkungsdiagramm Die im Interview besprochenen Zusammenhänge werden nachfolgenden in einem stufenweise aufgebauten Netzwerk aufgezeigt. Der Titel zeigt jeweils das abgebildete Thema.

Unternehmerischer Grundkreislauf: Selbstfinanziertes Wachstum

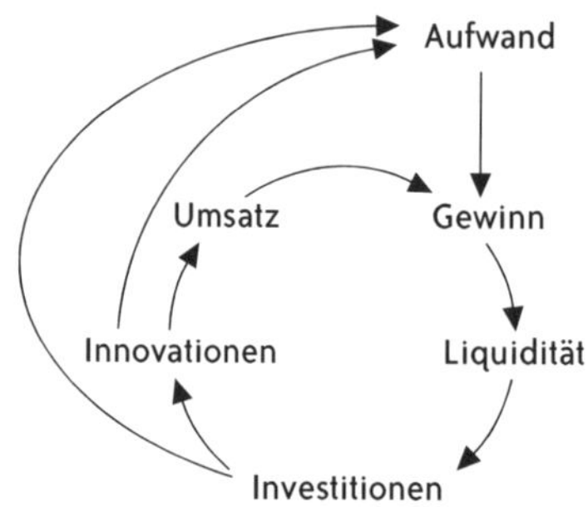

Hebel: Fremdfinanziertes Wachstum

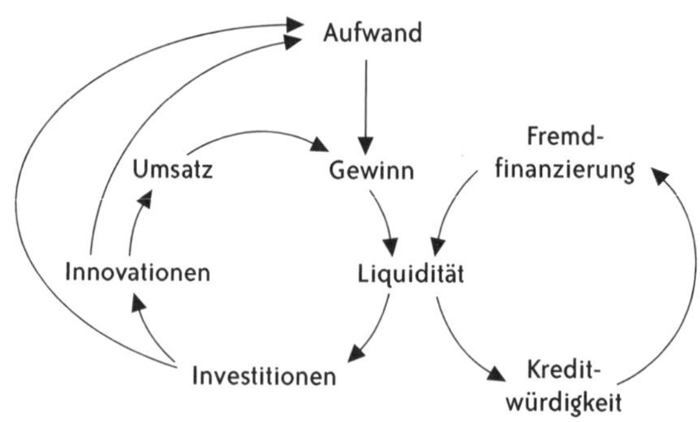

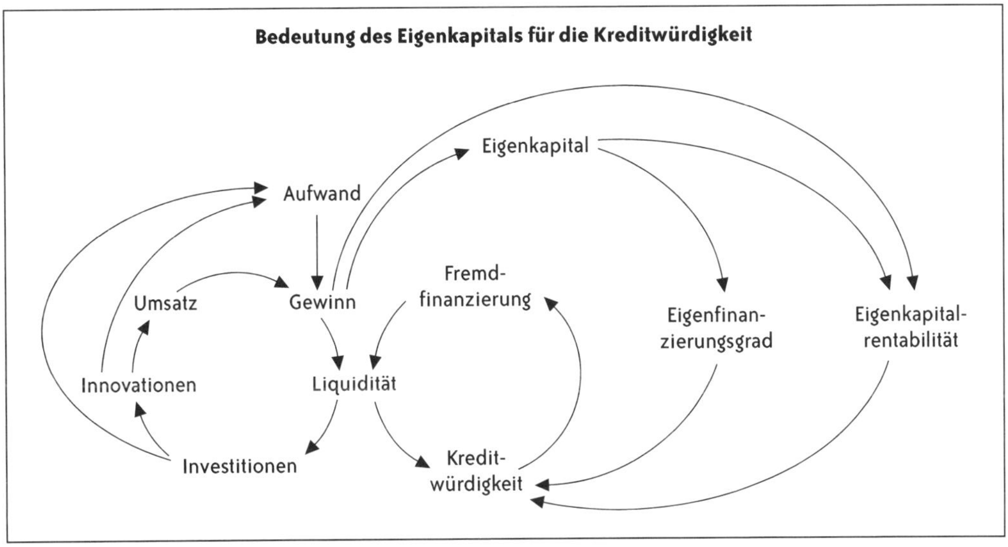

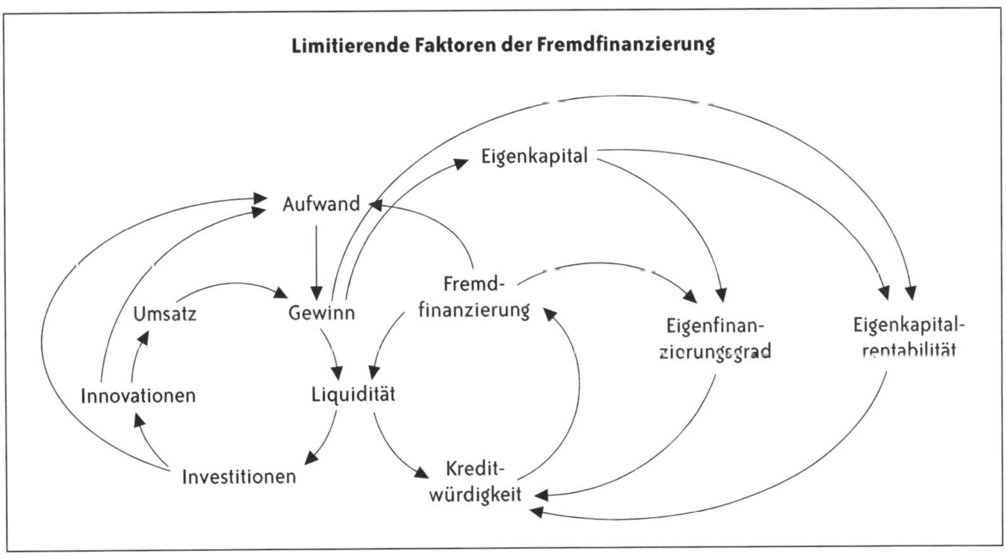

Aufgaben

(a) Tragen Sie in den Wirkungsdiagrammen bei jenen Pfeilen ein Minus ein, bei denen eine entgegengesetzte Beziehung besteht (je kleiner, desto grösser; je grösser, desto kleiner).

(b) Tragen Sie im Netzwerk ein, ob der unternehmerische Grundkreislauf als Motor oder Stabilisator bezeichnet werden kann. Wovon ist abhängig, dass das dargestellte Modell wie gewünscht funktioniert?

(c) Interpretieren Sie den Grundkreislauf, indem Sie für jede Variable bestimmen, ob sie Rahmenbedingung, Hebel oder Indikator darstellt. Was folgern Sie daraus mit Blick auf den oder die Hebel?

(d) Interpretieren Sie in der zweiten Grafik den Hebel des fremdfinanzierten Wachstums. Angenommen, das Modell stimmt: Beschreiben Sie mit eigenen Worten, was im Modell passiert. Zeichnen Sie dazu eine Grafik, welche die Grösse «Fremdfinanzierung» in Abhängigkeit von der Zeit abbildet. Beurteilen Sie das bisherige Modell.

(e) Die dritte Grafik bringt eine Modellpräzisierung. Beschreiben Sie diese, und verwenden Sie dabei die im Interview verwendeten Begriffe «Stabilität», «Rentabilität» und «Bonität».

(f) Die vierte Grafik komplettiert das Bild: Beschreiben Sie mit eigenen Worten, welche Wirkungen von der Fremdfinanzierung ausgehen. Zeichnen Sie für das gesamte Netzwerk nochmals eine Grafik, welche die Grösse «Fremdfinanzierung» in Abhängigkeit von der Zeit abbildet. Was kann als limitierender Faktor für das Ausmass der Fremdfinanzierung angesehen werden?

(g) Zum Schluss: Warum trägt die Fallstudie den Namen «Turbo AG»? Erläutern Sie dazu die unternehmerische Bedeutung der Fremdfinanzierung, und erklären Sie, was Unternehmen und Bank dabei beachten müssen.

(h) Ein Erfolgsgeheimnis von Ikea heisst: «Wir verdienen das Geld, bevor wir es ausgeben.» Ikea verfolgt seit jeher eine langfristige Wachstumsstrategie mit globalen Ambitionen: Die Eigenkapitalquote beträgt mehr als 82%. Ikea erklärt, dass es vor allem deshalb möglich sei, «langfristige Entscheidungen zu treffen», weil man «aus eigener Kraft wachse». Ein Grossteil der Gewinne wird reinvestiert.

Offensichtlich wächst Ikea heute aus selbstfinanzierten Mitteln (während es früher auch Phasen fremdfinanzierten Wachstums gegeben hat). Erklären Sie, warum es so möglich ist, «langfristige Entscheidungen zu treffen», und was die Voraussetzungen sind, damit eine selbstfinanzierte Wachstumsstrategie gelingt.

2-5 Grounding der Swissair: Risikostrategie mit Folgen

Problemstellung

Über zwanzig Jahre ist es her seit dem Grounding der Swissair und trotzdem ist der Konkurs noch gar nicht Geschichte. Denn mit dem Abschluss der Liquidation ist voraussichtlich erst im Laufe des Jahres 2023 zu rechnen.[1] Und: Das Grounding der Swissair am 2. Oktober 2001 ist bis dato der spektakulärste Konkurs in der eidgenössischen Wirtschaftsgeschichte. Die Schweiz war erschüttert. Viele Menschen konnten sich nicht vorstellen, dass ein nationales Symbol wie die schweizerische

1 Quelle: https://www.liquidator-swissair.ch/fileadmin/user_upload/SG_Zirkular_Nr37_d.pdf Stand 15.3.2023

Fluglinie Pleite gehen konnte. Welches waren die Hauptursachen? Unbestritten sind die folgenden:[1]

- Swissair wollte aus Gründen des Stolzes und der nationalen Eigenständigkeit keiner der grossen Allianzen beitreten. Der Verwaltungsrat wählte mit der «Hunter-Strategie» bewusst eine risikoreiche Option.
- Die Geschäftsleitung unterschätzte die Risiken und Schwierigkeiten bei Übernahmen und Beteiligungen von teilweise maroden Airlines. So wurden die belgische Sabena und die deutsche LTU trotz des erheblichen Kapitalbedarfs übernommen. Zusätzlich erforderten die Beteiligungen in Frankreich (AOM, Air Liberté und Air Littoral) viel Restrukturierungskapital. Verschuldung und Verluste liefen aus dem Ruder.
- Die Überschuldung entstand durch eine kompromisslose und zu wenig den Realitäten angepasste Umsetzung der «Hunter-Strategie» und die mangelnde Überwachung durch den Verwaltungsrat.
- Die Terroranschläge am 11. September 2001 in den USA führten als externer Faktor zu einem Einbruch der Nachfrage und folglich zu einer Beschleunigung der Negativspirale bis zur Erschöpfung der Liquidität.

Überschätzung der eigenen Position gepaart mit Unvermögen, die grundlegenden Veränderungen in der Branche zu erkennen, zu hohe strategische Risiken und letztlich Pech ergaben den giftigen Cocktail, an welchem die Swissair zu Grunde ging. Die finanziellen Auswirkungen der Strategie waren mit dynamischen Rückkoppelungen verbunden, die im Fall Swissair von Verwaltungsrat und Geschäftsleitung zu wenig erkannt wurden. Das Studium der strategischen Hebel (nachfolgend *kursiv* gekennzeichnet) mit seinen Auswirkungen im Netzwerk zeigt im Fall Swissair wichtige generelle Zusammenhänge auf.

Informationsgrundlage

Die Swissair wies jahrzehntelang einen exzellenten Ruf als Qualitätsairline auf und hatte ein tadelloses Image. Viele Auszeichnungen attestierten ihr Zuverlässigkeit, Sicherheit und Qualität. Die Investitionen in die Leistungsqualität hatten ihren Preis: Die Swissair war unzweifelhaft eine der besten Fluggesellschaften der Welt, gehörte aber aufgrund ihrer Kostenstruktur nicht zu den billigsten Anbietern. Dies spielte lange Zeit kaum eine Rolle, weil die Märkte monopolisiert und die Fluggäste wenig preissensitiv waren.

Ab 1991 wurde der Luftverkehr in Europa liberalisiert. Bestehende Überkapazitäten der vielen, vor allem nationalen Fluggesellschaften zogen einen aggressiven Preiskampf samt entsprechendem Kostendruck

1 Die Informationsgrundlage zum Fall Swissair basiert vor allem auf der Quelle Wikipedia. Dort sind ebenfalls umfangreiche Materialien (wie Nachrichten, Videoausschnitte, Bilder, Literaturhinweise, Weblinks usw.) zur weiteren vertieften Auseinandersetzung verfügbar.

nach sich. 1992 lehnte die Schweiz den Beitritt zum Europäischen Wirtschaftsraum EWR ab. Die Swissair hatte dadurch Nachteile gegenüber Konkurrenten aus EWR-Ländern, da bei Zwischenlandungen in EWR-Gebiet keine Passagiere aufgenommen werden durften bzw. keine innereuropäischen Strecken angeboten werden durften. Sie geriet – wie auch andere nationale Fluglinien der kleineren Länder – zunehmend unter Druck: Immer mehr nationale Fluggesellschaften schlossen sich zu Allianzen zusammen, um ihre Kunden weltweit bedienen und Grössenvorteile (das heisst tiefere Durchschnittskosten aufgrund von mehr Geschäftsvolumen) ausspielen zu können. Hierbei war eine kritische Grösse nötig, um für die amerikanischen Partner interessant zu sein, das heisst, genügend Passagiervolumen bereitzustellen. Entsprechend wurde 1993 eine Kooperation mit dem Ziel einer Fusion von Swissair, KLM, der SAS (je 30%) und der Austrian Airlines (10%) unter dem Projektnamen *Alcázar* angestrebt. Dieses Vorhaben scheiterte jedoch unter anderem an nationalen Widerständen in den verschiedenen Ländern. So wurde in der Schweiz kritisiert, dass die Swissair aufgrund ihres hohen Anlagevermögens einen erheblich höheren Wert als die anderen Partner habe.

Ab 1994 prüfte die Swissair andere strategische Optionen:

- den Alleingang – Konsequenz: Verkleinerung der Swissair aufgrund des kleinen Heimmarkts;
- das Zusammengehen mit einem grossen europäischen Luftfahrtunternehmen (British Airways oder Lufthansa) – Konsequenz: teilweise oder langfristig komplette Aufgabe der Eigenständigkeit;
- den Aufbau eines eigenen, grösseren Luftfahrtsystems – Konsequenz: sehr hoher finanzieller Einsatz (Verschuldung) bei grossem Risiko.

Der Verwaltungsrat entschied sich für die dritte Option. Dabei spielten nicht unbedingt nur wirtschaftliche Gründe eine Rolle: die politische Stimmung in der Schweiz hätte eine Verkleinerung der Swissair oder ihr Aufgehen in einem der grossen europäischen Carrier kaum zugelassen.

1995 übernahm die Swissair 49,5% an der belgischen Sabena für 260 Mio. Franken, obwohl bekannt war, dass diese stark verschuldet war. Da Brüssel ausserdem ein Standort in der Europäischen Union und der Partner Delta Air Lines daran interessiert war, wurde das Drehkreuz Brüssel stark ausgebaut. Ab 1998 wurde die vom Beratungsunternehmen McKinsey vorgeschlagene *Hunter-Strategie* umgesetzt: der Aufbau einer eigenen Allianz unter Swissair-Führung, vorzugsweise mit den europäischen Partnern, dem amerikanischen Swissair-Partner Delta Air Lines und kleinen nationalen Fluggesellschaften mit starkem Marktanteil im Heimmarkt. Das Ziel war es, einen Schritt weiterzugehen als bei bisherigen Allianzen und die Fluggesellschaften zusätzlich durch finanzielle Beteiligungen zu binden. Dieser Strategie stand jedoch das grundsätzliche Problem entgegen, dass gesunde, nationale Fluggesellschaften aus Unabhängigkeitsüberlegungen eher an losen Allianzen mit grossen Carriern interessiert waren und daher nur unrentable Fluggesellschaften für finanzielle Beteiligungen zur Verfügung standen. 1998 lancierte die Swissair die Qualiflyer Group, zu der im gleichen Jahr die Austrian Airlines (bis 1999), Sabena, Air Portugal, Turkish Airlines, AOM, Air Littoral und Crossair stiessen. Die Swissair erwarb zudem Beteiligungen an mehreren ausländischen Fluggesellschaften wie der italienischen Volare, der französischen Regionalfluggesellschaft Air Littoral und der deutschen Ferienfluggesellschaft LTU. 1999 kündigte Delta die Zusammenarbeit mit Swissair, Sabena und Austrian Airlines. Delta und Air France gründeten die Allianz SkyTeam und boten der Swissair vergeblich eine Mitarbeit an. Diese hielt jedoch an der einmal eingeschlagenen Strategie fest und investierte weiter. 1999 und 2000 wurden Minderheitsbeteiligungen an der französischen AOM und Air Liberté, der italienischen Air Europe, der polnischen LOT, und der afrikanischen South African Airways erworben. Auf Druck des belgischen Staats wurde ausserdem der Verpflichtung einer 85-prozentigen Beteiligung an Sabena zugestimmt. Zudem wurde der Kauf von Beteiligungen an den portugiesischen TAP und Portugália Airlines eingeleitet. Die meisten dieser Gesellschaften waren zu dieser Zeit sanierungsbedürftig, sodass neben dem eigentlichen Kaufpreis zusätzliches Restrukturierungskapital nötig war. Dies erhöhte den Finanzbedarf substanziell. Die Swissair war gezwungen, ihren Fremdkapitalanteil deutlich zu vergrössern.

2000 wurde prognostiziert, dass durch diese Zukäufe die Verluste der Swissair für die nächsten drei Geschäftsjahre zwischen 3,25 Mrd. und 4,45 Mrd. Franken betragen würden. Die Sanierung der LTU sollte 500 Mio. Franken kosten, was der Verwaltungsrat bewilligte. Darüber hinaus gab es Pläne zur Übernahme der Alitalia. Im Sommer 2000 geriet der CEO Philippe Bruggisser unter öffentlichen Druck, als die Presse die finanzielle Lage der Gruppe veröffentlichte. So lag der tägliche Verlust bei Swissair und Sabena bei jeweils einer Million Franken, eine weitere Million wurde jeden Tag bei der LTU und den französischen Beteiligungen verloren. Der Verwaltungsrat liess erstmals Szenarien zum Ausstieg aus den eingegangenen Beteiligungen an anderen Fluggesellschaften berechnen. Dem Verwaltungsrat wurden im März 2001 von Beratern zwei Studien präsentiert, welche die finanzielle Schieflage der Swissair-Gruppe aufzeigten. Daraufhin trat der Verwaltungsrat geschlossen zurück. Einzig Mario Corti, damaliger Finanzchef der Nestlé, blieb zurück. Die Hunter-Strategie war gescheitert.

Im März wurde Mario Corti Präsident des Verwaltungsrates und ad interim Konzernchef der Swissair-Gruppe. Ihm oblag nun der notwendige *Strategiewechsel (Ausstieg Hunter)*. Er musste im April einen Jahresverlust von 2,885 Mrd. Franken vermelden, was auf die hohen Rückstellungen für den Ausstieg aus den Airline-Beteiligungen zurückzuführen war. Die Hotelkette «Swissôtel» wurde für rund 410 Mio. Franken verkauft, um Kredite an Banken zurückzahlen zu können. Im Sommer

2001 wurden die grössten Verlustbringer im Konzern, AOM und Air Liberté, veräussert. Der Verkauf dieser zweitklassigen Beteiligungen brachte nicht etwa Geld ein, nein, es waren sogar zusätzliche Finanzmittel in dreistelliger Millionenhöhe nötig. Durch zusätzliche Aufwendungen bei der Sabena sank die Eigenkapitalquote am 30. Juni 2001 auf minimale 2,6% und die flüssigen Mittel auf 550 Mio. Franken. Die geringere Kreditwürdigkeit (Bonität) schlug sich zunehmend in höheren Kreditkosten (Zinsen) nieder. Ausserdem konnte die Swissair keine Kredite mehr aufnehmen.

Die Swissair versuchte, zwei der flugnahen Tochtergesellschaften zu veräussern, jedoch scheiterten nach den Terroranschlägen vom 11. September 2001 diese Versuche. Die Anschläge stürzten die gesamte Luftfahrtbranche in die grösste Krise ihrer hundertjährigen Geschichte und führten zu einer Beschleunigung der Negativspirale bei der Swissair. Diese drohte aufgrund der Verluste zahlungsunfähig zu werden. In den folgenden Wochen kam eine Übergangsfinanzierung unter der Regie der beiden Grossbanken UBS und Credit Suisse zur Aufrechterhaltung des Flugbetriebs nicht mehr rechtzeitig zustande, obwohl der Bundesrat bereit war, die Hälfte eines Kredites zu übernehmen.

Am 2. Oktober 2001 stieg der Liquiditätsbedarf stark an, da wegen der am Vorabend angekündigten Nachlassstundung alle Zulieferer auf Barzahlung und Begleichung offener Rechnungen pochten. Die Barreserven der Swissair reichten an diesem Tag gerade aus, um die ersten morgendlichen Flüge durchführen zu können. Im Laufe des Morgens weigerten sich jedoch die Treibstofflieferanten, die bereitstehenden Flugzeuge zu betanken. Die Grossbanken weigerten sich, den Verkaufserlös zu bevorschussen. Um 15:45 Uhr stellte der CEO Mario Corti den Flugbetrieb vollständig ein. Die Swissair war gegroundet.

Wirkungsdiagramm

Die im Text besprochenen Zusammenhänge werden nachfolgend in einem zweiteilig aufgebauten Netzwerk aufgezeigt. Der Titel zeigt jeweils das abgebildete Thema.

Aufgaben

(a) Tragen Sie in den Wirkungsdiagrammen bei jenen Pfeilen ein Minus ein, bei denen eine entgegengesetzte Beziehung besteht (je kleiner, desto grösser; je grösser, desto kleiner).

(b) Unternehmerisch erwünscht ist, dass der Grundkreislauf als Motor funktioniert. Was ist die Bedingung, dass dies bei der Swissair so ist?

(c) Die Flugindustrie ist eine Branche mit hohen fixen Kosten. Geben Sie für den Betrieb eines einzelnen Flugzeuges an, welche fixen und welche variablen Kosten bestehen. Zeichnen Sie in einer Grafik die fixen und variablen Stückkosten (je Passagier) in Abhängigkeit von der produzierten Menge (= Anzahl zahlende Flugpassagiere in der Airlinebranche) auf.

Grundkreislauf Swissair mit strategischer Option «Kooperation Alcázar»

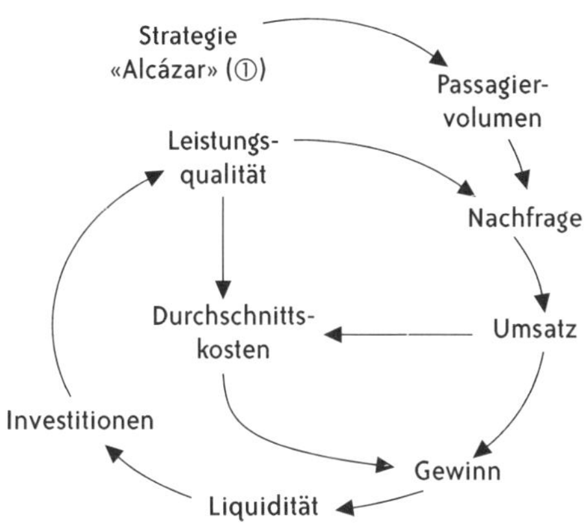

Strategischer Hebel «Hunter» sowie «Ausstieg»

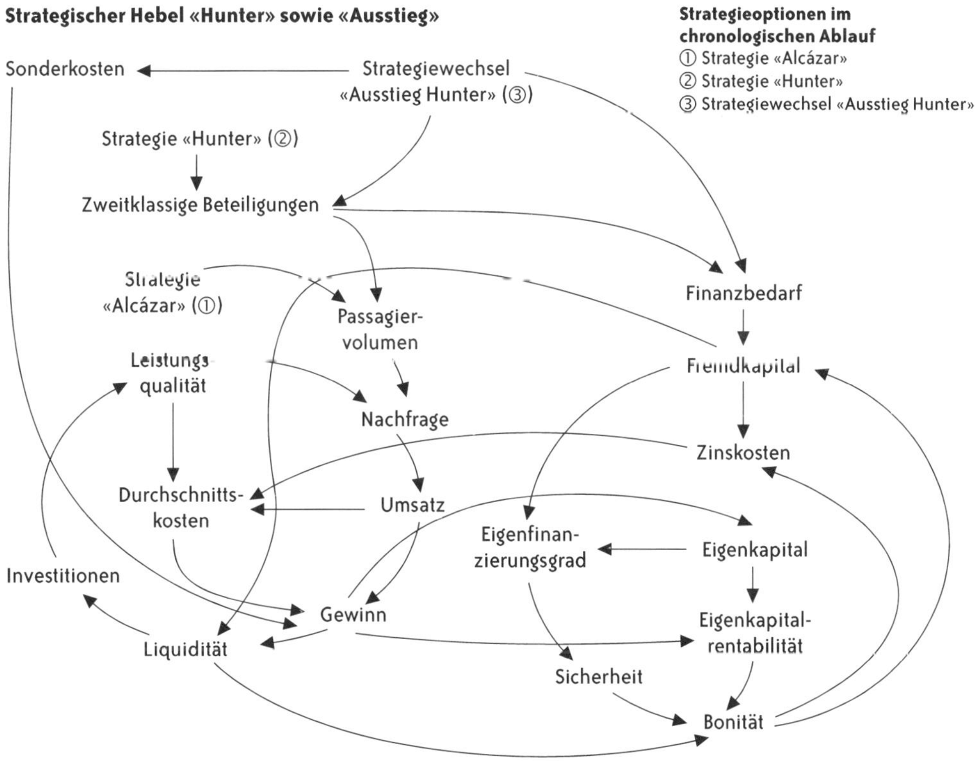

(d) Unternehmen mit hohen fixen Kosten profitieren, wenn sie gross sind, weil sich dann die fixen Kosten auf mehr produzierte Menge verteilen lassen und dies die Stückkosten bzw. Durchschnittskosten senkt. Beschreiben Sie mit eigenen Worten den Zwang zur Grösse in der Airlinebranche, wie er im ersten Netzwerk dargestellt ist.

(e) Kennzeichnen Sie in der zweiten Grafik die beiden Kreisläufe (einer ausgehend von den Zinskosten, der andere ausgehend vom Fremdkapital) mit Farbe oder Leuchtstift. Tragen Sie im Netzwerk ein, ob es sich jeweils um einen Motor (+) oder einen Stabilisator (–) handelt.

(f) Bei der Beurteilung von Finanzierungsalternativen wird oft vom magischen Dreieck von Liquidität, Rentabilität und Sicherheit gesprochen. Erläutern Sie im Modell, ob die Grössen «Liquidität», «Eigenkapitalrentabilität» und «Eigenfinanzierungsgrad» steigen oder fallen, wenn – wie bei der Hunter-Strategie (②) – das Fremdkapital massiv gesteigert wird. Warum wird das Dreieck als «magisch» bezeichnet?

(g) Zeichnen Sie zum Modell eine Grafik, welcher die Grösse «Eigenkapitalrentabilität» in Abhängigkeit von der Grösse «Zinskosten» abbildet.

(h) Mit «Rückkoppelungen» werden in Wirkungsdiagrammen Zusammenhänge beschrieben, welche Kreisläufe schliessen und damit zurückwirken, aber in aller Regel von den handelnden Akteuren nicht vorhergesehen bzw. erwünscht sind. Welches sind die beiden zentralen Rückkoppelungen im Netzwerk? Beschreiben Sie die Auswirkungen im konkreten Fall der Swissair.

(i) Was ist das Fatale an dieser Situation aus Sicht der Geschäftsleitung? Argumentieren Sie mit Bezug zu möglichen Hebeln. Können Sie nachvollziehen, warum die Geschäftsleitung sehr lange Zeit auf ihrer Strategie beharrte («more of the same»), obwohl diese nicht wirklich funktionierte?

(j) Noch verzwickter präsentierte sich die Ausgangslage für den letzten CEO Mario Corti, der das Ruder herumreissen und den Strategiewechsel (③) weg von der Hunter-Strategie (②) umsetzen sollte. Erklären Sie im Modell sein Dilemma mit eigenen Worten und markieren Sie die entsprechenden Pfeile im Netzwerk.

2-6 Döner-Business: Generische Wettbewerbsstrategien zum Ausbruch aus der vollkommenen Konkurrenz

Problemstellung

Bis in die 1970er Jahre kann man in den meisten Branchen von einem beschaulichen Wettbewerbsklima sprechen. Ab 1980 nahm der Wettbewerb im Zuge der Liberalisierung und Deregulierung von Branchen sowie der Globalisierung von Märkten deutlich zu. Seit einigen Jahren steht das Wort «Hypercompetition»[1] für das Gefühl vieler Unternehmen, in einem anhaltenden und sehr herausfordernden Konkurrenzkampf zu stehen und sich tagtäglich neuen Herausforderungen und Veränderungen stellen zu müssen. Findet dieser Wettbewerb zudem in einer homogenen Branche mit mehr oder weniger austauschbaren Produkten und Dienstleistungen statt, ist ein andauernder Preiskampf vorprogrammiert, vor allem dort, wo keine Eintrittsbarrieren bestehen. In der Volkswirtschaftslehre ist dieses Modell als «vollkommene Konkurrenz» bekannt. Aufgrund von homogenen Produkten, fehlenden Eintrittsbarrieren, vielen Anbietern und Nachfragern und guter Informationsübersicht (Transparenz) spielt sich der Wettbewerb ausschliesslich über den Preis ab. Dieser ist so tief, dass die Anbieter keine Gewinne mehr erzielen. Was die Konsumenten und Ökonomen freut, ist der Alptraum jedes Unternehmers. Porter hat mit dem Fünf-Kräfte-Modell die Bedingungen aufgezeigt, warum in einzelnen Branchen der Konkurrenzkampf härter und die Branchenrentabilitäten tiefer als in anderen sind. Einzelne Branchen gelten als Null-Stern-, andere als Fünf-Stern-Branchen. In Ersteren ist es sehr schwierig, Gewinne zu machen, während Letztere eine beachtliche Rentabilität aufweisen können. Die Null-Stern-Branchen wie zum Beispiel Gastronomie oder Airlines sind in der Regel sehr nahe beim Modell der vollkommenen Konkurrenz. Anbieter in diesen Wirtschaftssektoren sind besonders gefordert, eine zweckmässige Wettbewerbsstrategie zu verfolgen, um nachhaltig überleben zu können. Das Konzept hierzu stammt wiederum von Michael Porter. Seine generischen Wettbewerbsstrategien verpflichten die Unternehmen zu Einzigartigkeit. Nur wer aus der Masse mit klarem Profil herausragt, hat demnach im harten Konkurrenzkampf eine Chance. Alle Austauschbaren sind dagegen graue Mäuse und kommen nicht vom Fleck. Erfolgreiche Strategien sind, anders bzw. besser als die Mitbewerber zu sein oder als Anbieter mit den tiefsten Kosten als Preisführer aufzutreten. Gerade KMUs wird geraten, diese Strategien in der Nische umzusetzen. Wer in den Augen der Kunden keine klare strategische Kontur besitzt, droht sonst zwischen den Stühlen zu sitzen und ungenügende Gewinne zu erzielen, wie der nachfolgende Fall zeigt.

1 1997 von Richard d'Aveni geprägt.

Informationsgrundlage Bayram und Ömer sind frustriert. Beide schuften als Inhaber der Döner-Imbissstände Leyla und Bosporus tagtäglich fast rund um die Uhr. Obwohl das Geschäft nicht schlecht läuft, haben sie es bisher noch auf keinen grünen Zweig gebracht. Bei einem Tee entwickelt sich das folgende Gespräch zwischen den Freunden:

Bayram: Mein Vater hat mal zu mir gesagt: Musst nur dein eigenes Geschäft aufmachen, dann bringst du es zu etwas! Und jetzt: Malochen vom Morgen bis abends spät, aber am Schluss des Jahres muss ich froh sein, wenn ich die Rechnungen zahlen kann.

Ömer: Ja, das kenne ich gut. Bei mir bleibt auch kein Gewinn übrig.

Bayram: Das Risiko tragen wir aber schon! Dafür sollten für uns ein besserer Lohn und auch noch ein Gewinn drin liegen.

Ömer: Was willst du? In der letzten Zeit sind in der Stadt einige zusätzliche Dönerbuden aufgegangen. Die Konkurrenz macht das Geschäft kaputt. Da war es vor ein paar Jahren noch besser. Nach dem ersten Boom wollte zwar jeder auf den neuen Fastfood-Zug aufspringen. Als die dann aber gemerkt haben, dass das Döner-Business keine Goldgrube ist, haben wieder ein paar Anbieter zugemacht. Plötzlich kamen wieder mehr Kunden. Aber das ist vorbei. Seit einiger Zeit gibt es immer mehr Dönerläden.

Bayram: Und alle sehen gleich aus und verkaufen das Gleiche. Es ist zum Haareraufen.

Ömer: Weisst du, meine Tochter geht jetzt auf die Hochschule. Vor ein paar Tagen sagte sie zu mir: Papa, es ist klar, dass du nichts verdienst. Die Gastronomiebranche gehört zu den schwierigsten überhaupt. Wenn man sich hier nicht mit eindeutigem Profil positioniert, dann geht man besser in die Fabrik. Das ist risikoloser und der Lohn ist auch nicht schlechter.

Bayram: Ganz schön frech! Spricht man so mit seinem Vater? Aber was hat sie gemeint mit dem eindeutigen Profil?

Ömer: Ihrer Ansicht nach sollte man versuchen, anders als die anderen Döner-Restaurants zu sein und sich unverwechselbar aufzustellen.

Bayram: Unverwechselbar? Döner ist doch Döner, von ein paar Details abgesehen! Natürlich ist meiner der leckerste, aber was willst du gross anders machen?

Ömer: Sie hat gesagt: Entweder man ist der billigste und kann dann den tiefsten Preis machen und immer noch eine gute Marge verdienen, oder man ist besser als die anderen und kann auch mehr verlangen. Nur wenn man aus der Masse herausragt und für etwas Bestimmtes steht, hat man Erfolg.

Bayram: Und was hast du gesagt?

Ömer: Sie solle nicht so neunmalklug sein und meinen, sie wüsste es besser als ihr Vater! Aber insgeheim lässt mich der Gedanke nicht los. Vielleicht sollten wir wirklich mal darüber nachdenken, wofür wir in der Branche eigentlich stehen. Glaubst du, dass dich deine Kunden für einzigartig halten?

Bayram: Meine Kunden finden meine Döner superlecker, aber ob sie uns wirklich einzigartig finden? Also, da bin ich mir nicht ganz sicher. Das sage ich natürlich nur zu dir, mein Freund.

Ömer: Was meinst du, sollen wir nicht einmal darüber nachdenken, wie wir unser Geschäft anders als alle anderen aufstellen könnten? Nur mal den Gedanken wagen kann doch nicht schaden?

Bayram: Vielleicht hast du Recht. Schlechter als momentan kann es ja nicht werden. Und wir sind noch zu jung, um uns einfach bis zur Pensionierung durchzuwursteln. Es muss etwas gehen. Da ich ja schon bisher die besten Döner habe, denke ich mal darüber nach, was man alles noch besser machen könnte. Einen höheren Preis verlangen würde ich schon gerne.

Ömer: Und ich verfolge mal die Rationalisierungsstrategie. Vielleicht kann man ja tatsächlich noch Kosten sparen und eine bessere Marge trotz tieferen Preisen erzielen. Mal schauen.

Die beiden verabreden sich für die kommende Woche. Bis dahin wollen sie ihr «strategisches Profil schärfen» (so hat es die Tochter von Ömer genannt).

Eine Woche später zeigt sich: Das Hirnen hat sich gelohnt. Ömer und Bayram haben sich einige Gedanken gemacht und sind mittlerweile überzeugt, dass sich ihr Döner-Laden wie folgt verändern muss:

Ömer: Kostenführerstrategie Restaurant Bosporus (Motto: «best price in town»)

- Verzicht auf Bedienung der Tische, ausschliesslich Selbstservice
- Eingeschränktes Angebot: kleines Sortiment der wichtigsten Dönersorten, keine ergänzenden Produkte mehr wie Pizza
- Verzicht auf teurere und aufwendigere Eigenproduktion der Dönerspiesse, Bezug aller Produkte beim Schweizer Marktführer Royal Döner (industrielle Massenproduktion; vgl. www.royaldoener.ch)
- Strikte Kostenkontrolle: Einkauf von grossen Dönerspiessen (30 kg) statt wie bisher kleineren Spiessen; günstigere Mischung (mehr Hackfleisch, weniger Plätzli; mehr Poulet- und Lammfleisch, weniger Kalbfleisch); gezielter Einkauf von wenigen Produkten mit grösseren Mengenrabatten statt vielen Produkten in kleineren Mengen
- Senkung der Angebotspreise mit dem Ziel, die eigenen Produkte circa 10% günstiger als die Konkurrenz anbieten zu können. Ziel: überproportionale Steigerung des Absatzes um circa 20%, gesamthafte Steigerung des Umsatzes

- Vergrösserung der Zielmarge: Verdoppelung der eigenen Marge aufgrund überproportionaler Senkung der Durchschnittskosten. Ziel: Aus dem Deckungsbeitrag (Umsatz abzüglich direkte Kosten) können die weiteren Betriebskosten und ein angemessener Eigenlohn gezahlt werden und es resultiert ein substanzieller Gewinn.

Bayram: Differenzierungsstrategie Restaurant Leyla (Motto: «Döner aus 1001 Nacht»)

- Bedienung der Tische durch sehr speditive, freundliche und sympathische Servicehilfe
- Umfassendes Angebot: grosses Sortiment mit speziellen Dönersorten; ebenfalls Verzicht auf ergänzende Produkte wie Pizza
- Weiterführung der bisherigen Eigenproduktion der Dönerspiesse nach Geheimrezept eines Istanbuler Meisters
- Verbesserung der Fleischqualität: Verzicht auf Hackfleisch, grösserer Kalbfleischanteil
- Erweiterung der Saucenauswahl: Ergänzung der bisherigen Sauce mit Spezialsaucen nach raffinierten und professionellen Rezepten
- Verbesserung der Produktfrische: neu tägliches Angebot von frischem, hausgemachtem Fladenbrot sowie Salat- und Gemüsebeilagen
- Ausbau der Einrichtungsqualität: gezielte Aufwertung der Restauranteinrichtung mit hochwertigerem Mobiliar, geschmackvolle Einrichtung und Dekoration (mit dem Ziel, insbesondere den Frauenanteil der Kundschaft zu erhöhen)
- Erhöhung der Angebotspreise mit dem Ziel, die eigenen Produkte circa 20% teurer als die Konkurrenz anzubieten. Ziel: Beibehaltung der Absatzzahlen aufgrund der verbesserten Qualität, gesamthafte Steigerung des Umsatzes
- Vergrösserung der Zielmarge: Verdoppelung der eigenen Marge aufgrund überproportionaler Erhöhung der Umsätze (Steigerung um 20% bei einer unterproportionalen Steigerung der Durchschnittskosten). Ziel: Aus dem Deckungsbeitrag (Umsatz abzüglich direkte Kosten) können die weiteren Betriebskosten und ein angemessener Eigenlohn gezahlt werden und es resultiert ein substanzieller Gewinn.

Ömer und Bayram setzen ihr Vorhaben in die Praxis um.

Wirkungsdiagramm

Die im Text besprochenen Zusammenhänge werden nachfolgend in einem zweiteilig aufgebauten Netzwerk aufgezeigt. Der Titel zeigt jeweils das abgebildete Thema.

Das erste Modell (funktionierender Preiswettbewerb) zeigt die Situation der gesamten Dönerbranche, wobei davon ausgegangen wird, dass alle Konkurrenten das Gleiche anbieten, sich also nicht voneinander unterscheiden. Der Wettbewerb findet ausschliesslich über den Preis statt. Mit «unser Absatz» ist derjenige von Bayram (bzw. Ömer) gemeint. Das Wirkungsdiagramm ist also aus deren Sicht dargestellt.

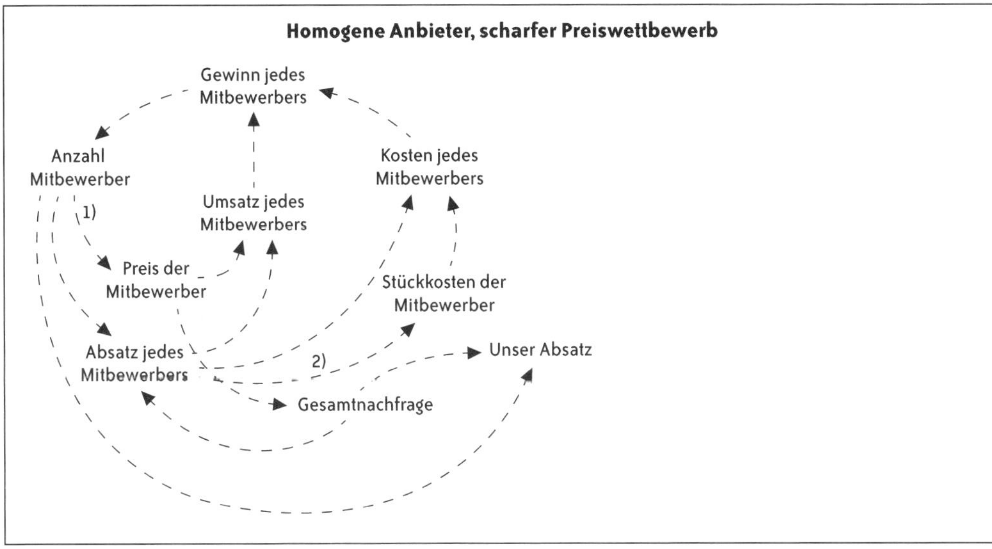

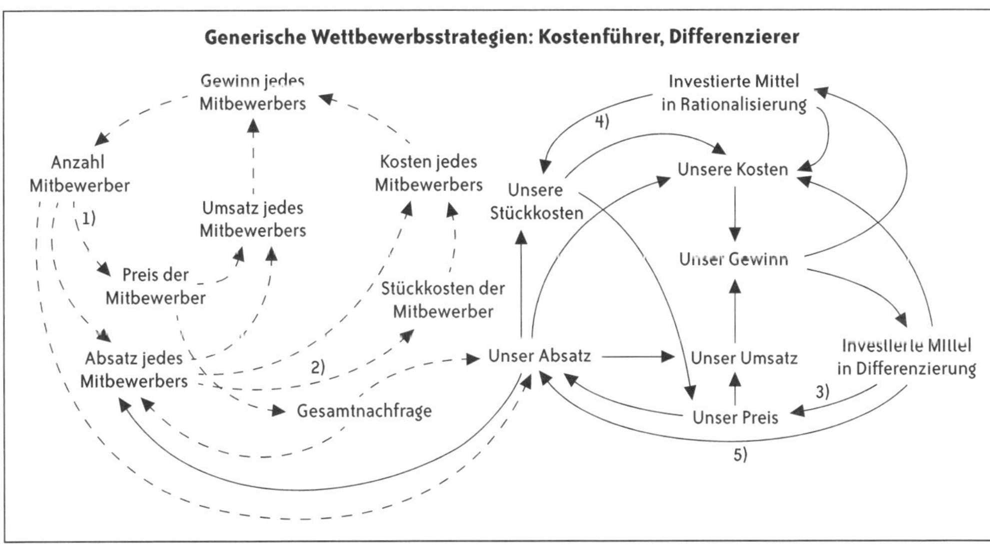

Aufgaben

(a) Bezeichnen Sie in beiden Netzwerken jene Pfeile mit einem Minuszeichen, welche einen negativen Wirkungszusammenhang darstellen.

(b) Markieren Sie im ersten Netzwerk alle Pfeile des zentralen Kreislaufs mit gelbem Leuchtstift. Geben Sie an, ob dieser einen Motor oder Stabilisator darstellt.

(c) Erläutern Sie den Grundkreislauf mit eigenen Worten aus Sicht von Bayram oder Ömer. Was ist das Frustrierende daran? Zeichnen Sie dazu ein xy-Diagramm mit den Grössen «Anzahl Mitbewerber» sowie «unser Absatz» in Abhängigkeit von der Zeit.

(d) Bezeichnen Sie die mit den Zahlen 1) und 2) versehenen Zusammenhänge mit je einem passenden Begriff und erläutern Sie sie.

(e) Welche zwei wesentlichen Voraussetzungen müssen gegeben sein, dass der Wettbewerb tatsächlich wie im Modell beschrieben funktioniert? In welchen Branchen sind diese Voraussetzungen annähernd erfüllt? Welche Branchenrentabilitäten sind in diesen Branchen zu erwarten?

(f) Markieren Sie im zweiten Netzwerk alle Pfeile des zentralen Kreislaufs von Ömers Strategie mit grünem, von Bayrams Strategie mit rotem Leuchtstift. Geben Sie an, ob diese einen Motor oder Stabilisator darstellen.

(g) Bezeichnen Sie den mit der Zahl 3) versehenen Zusammenhang mit einem passenden Begriff und erläutern Sie ihn.

(h) Bezeichnen Sie je das strategische Ziel hinter den Zusammenhängen 4) und 5) mit einem passenden Begriff. Nennen Sie bekannte Unternehmen, welche diese Strategien verfolgen.

(i) Sowohl für Ömer wie für Bayram ist entscheidend, welche Auswirkungen ihre Preisstrategie auf Absatz und Umsatz haben (das heisst, wie preiselastisch die Nachfrage ist). Erklären Sie die erwünschte Preiselastizität und begründen Sie, warum dies klappen könnte.

(j) Warum verzichten beide darauf, wie bisher Pizza im Angebot zu führen? Erklären Sie anhand dieses Aspekts, was eine erfolgreiche strategische Positionierung bedeutet.

(k) Professor Michael Porter, der Begründer des Konzepts der generischen Wettbewerbsstrategien, bezeichnet eine «Wischiwaschi-Positionierung», also weder Kostenführer- noch Differenzierungsprofil, als eine Position «zwischen den Stühlen» («stuck in the middle»). Die Erwartung ist, dass weniger rentabel ist, wer weder als Fisch noch als Vogel wahrgenommen wird. Suchen Sie Beispiele aus der Schweiz für solche Unternehmen und begründen Sie ihre Antwort.

(l) Sofern die Pläne der beiden aufgehen: Was ist die Folge für die Branche im Modell? Zeichnen Sie ein xy-Diagramm, welches die Grösse «unser Absatz» in Abhängigkeit von der Zeit zeigt.

(m) Welche Strategie erachten Sie im Döner-Business als erfolgversprechender? Begründen Sie ihre Lösung.

(n) Was ist bei Erfolg hinsichtlich Konkurrenz zu erwarten? Erläutern Sie die Bedeutung von Eintrittsbarrieren für die Branchenrentabilität.

2-7 UBS: Bankenkollaps abgewendet

Problemstellung

Ab 2008 wütete die Wirtschaftskrise. Die Nachwehen halten bis heute an: Schuldenkrise, Politik des billigen Geldes und schliesslich das jüngste Wiederaufflammen der Inflation. Als Immobilienkrise in den USA gestartet, wuchs sich die Wirtschaftskrise in der Folge zu einer Finanzmarkt- und Nachfragekrise aus, welche globale Dimensionen annahm. Der Wirtschaftseinbruch 2009 markierte in der Geschichte die erste weltumspannende Rezession. In deren Folge brachen in vielen Staaten die Steuereinnahmen weg, gleichzeitig explodierten die Ausgaben zur Krisenbewältigung (Arbeitslosigkeit) und -bekämpfung (Stimulierungsprogramme). Daraus resultierten massive Defizite, sodass verschiedene Nationen wie Griechenland und Italien, aber auch die USA und Japan mit den unangenehmen Folgen einer Verschuldungskrise konfrontiert sind. Die Krisenabfolge hat schmerzhaft deutlich gemacht, dass die Metapher vom Schmetterlingseffekt real ist: Niemand hätte 2008 gedacht, dass aus einem primär den US-amerikanischen Immobiliensektor betreffenden Phänomen über ein System von Transmissionsmechanismen weltweit Staaten und Wirtschaft in Mitleidenschaft gezogen würden. Gerade die letzten Jahre haben gezeigt, wie vernetzt die Weltwirtschaft ist und welche Bedeutung ein systemisches Verständnis der makroökonomischen Zusammenhänge hat.

Der Krise fielen auch Unternehmen zum Opfer. Besonders betroffen war und ist nach wie vor die Bankenbranche. Seit 2008 gingen allein in den USA mehrere Hundert Banken Konkurs. In der Schweiz musste im Oktober 2008 die UBS mit Steuergeldern und dem Aufkauf von maroden Hypothekarpapieren durch die Nationalbank gerettet werden. Sechs Milliarden Franken schoss der Bund in Form einer Wandelanleihe ein, für 60 Milliarden übernahm die Nationalbank Schrottpapiere. Der nachfolgend abgedruckte Text, der kurz vor der Rettung der UBS erschien, zeigt den Dominoeffekt von der Immobilienkrise bis zur Bankenpleite aus betriebswirtschaftlicher Sicht auf. Dabei stehen die dynamischen Zusammenhänge von Erfolgsrechnung und Bilanz im Zentrum.

Informationsgrundlage Der nachfolgende Artikel von Roland Waibel erschien in der «Finanz und Wirtschaft» vom 4. Oktober 2008 (S. 20).

Warum es immer schlimmer kommt

Der Bankenkollaps aus systemischer Sicht – überraschend hoher Schaden

Hinterher ist man immer klüger – oder meint es zumindest. Bei der aktuellen Krise, die sich längst von der Immobilien- zur Finanzmarkt- und Bankenkrise ausgeweitet hat, trifft dies im besonderen Masse zu. Seit mehr als einem Jahr schauen wir gebannt zu, wie das Buschfeuer im Immobilienmarkt zu einem Flächenbrand im Finanz- und Bankensystem wird und nach den Investmentbanken zuletzt sogar vermeintlich «todsichere», weil klassisch finanzierte Finanzinstitutionen wie Washington Mutual, Wachovia, Fortis oder Hypo Real Estate ebenfalls dem Inferno zum Opfer fallen. Verwunderlich und verstörend ist, zusätzlich zum angerichteten Schaden, dass auch die Experten staunen und ratlos sind. Seit den massiven Abschreibungen bei der UBS im Februar 2008 wissen wir, dass wir es mit einem beträchtlichen Problem im globalen Finanzsystem zu tun haben. Dennoch vergeht kaum mehr eine Woche, in der nicht hochkarätige Systeminsider eingestehen müssen, dass sie ein solches Ausmass der Verwüstungen noch vor kurzer Zeit nicht für möglich gehalten hätten.

Was ist es, was selbst die langjährigen Kenner und Könner unterschätzen bzw. in ihrer Dynamik und Dramatik so nicht vorhersehen können? Offensichtlich müssen systemimmanente Verstärkungsmechanismen am Werk sein, welche zu einem Fluss der Ereignisse führen, der mit Intuition und Erfahrungswissen allein nicht mehr abgeschätzt werden kann. Ein Blick auf die Entwicklung der Krise aus systemischer Sicht sowie deren Implikation auf Bankbilanzen kann die Mechanik hinter den täglichen Schreckensmeldungen verständlicher machen.

Aktiven	Passiven
Flüssige Mittel	…
…	Kundeneinlagen
Kredite	Refinanzierung am Kapitalmarkt
«Toxische» Finanzanlagen	Eigenkapital

Ausgangslage: Von der Krise auf dem Immobilienmarkt zum Wertverlust auf den Bankaktiven

Die zunehmenden Probleme auf dem amerikanischen Immobilienmarkt setzten den Markt für verbriefte Hypothekenpapiere ausser Kraft, reduzierten die Werthaltigkeit solcher «toxischer» Finanzanlagen, die auf der Aktivseite in den Bankbilanzen aufgeführt sind, und machten massive Abschreibungen notwendig. Erst in letzter Zeit kommt ein zweiter Effekt dazu: Die Immobilienkrise schlägt sich auch konjunkturell nieder, beeinträchtigt den privaten Konsum, die unternehmerischen Geschäftsaussichten und Investitionen und führt aufgrund rezessiver Tendenzen zu einem erhöhten Ausfallverlust von ebenfalls auf der Aktivseite bilanzierten Krediten. Auch hier entsteht zusätzlicher Abschreibungsbedarf.

Teufelskreis 1: Von Verlusten und reduziertem Eigenkapital zu höherem Risiko und höheren Refinanzierungskosten

Abschreibungen sind Kosten in der Erfolgsrechnung und schlagen auf den Erfolg durch. Bei vielen Banken ist dieser Effekt so stark, dass ein Verlust resultiert, welcher die Eigenkapitalbasis und damit den Risikopuffer in der Bilanz erodieren lässt. Folge davon ist ein erhöhtes Risiko, sodass die Bank, will sie neues Geld aufnehmen, dies nur zu gestiegenen Refinanzierungskosten (sprich höheren Zinsen) tun kann. Dies ist ein selbstverstärkender Kreislauf, der ohne Gegenmassnahmen zu einer Spirale nach unten führt.

Teufelskreis 2: Von höherem Risiko, geschwundenem Vertrauen und sinkenden Bankpassiven zu gefährdeter Zahlungsbereitschaft

Höheres Risiko ist mit abnehmendem Vertrauen verbunden. Insbesondere Banken misstrauen sich gegenseitig seit einiger Zeit, wobei dieser Effekt in den letzten Tagen noch verstärkt zugenommen hat. Resultat ist, dass der Interbankenmarkt praktisch zum Erliegen gekommen ist, d.h. die Banken können kaum mehr oder nur zu hohen Kosten Kapital von anderen Banken beziehen und sich so auf der Passivseite refinanzieren. Geht dies nicht mehr, droht der Bank der Verlust ihrer Zahlungsbereitschaft. Bekanntlich ist dies die Hauptursache für Unternehmenskollapse, nicht nur in der Bankenwelt: Wer nicht mehr zahlungsfähig ist, geht Konkurs (oder wird übernommen oder sonstwie gerettet). Bei Banken kommt erschwerend dazu, dass bei mangelndem Vertrauen die Kunden beginnen, ihre Gelder abzuziehen. Der Teufelskreis verstärkt sich und kann ohne Gegenmassnahmen zur Illiquidität führen.

Die beiden skizzierten Teufelskreise entfachen eine eigene Dynamik, welche in ihrem Ausmass selbst Experten überrascht. Mangelnde Refinanzierungsmöglichkeiten bzw. abgezogene Kundengelder verschärfen die Liquiditätssituation zunehmend, was, verbunden mit substanziell gestiegenen Refinanzierungskosten, zu einem gefährlichen Cocktail wird und, ist ein kritischer Punkt überschritten, mit exponentieller Dynamik zum Kollaps führt. Dies haben wir in den letzten Tagen und Wochen hautnah miterlebt. Sofern die Bankenspitzen nicht früh genug die Dramatik der Situation erkennen und entsprechende Gegenmassnahmen einleiten, drohen die skizzierten Selbstverstärkungsmechanismen mit zunehmender Rotationskraft eine betroffene Bank in den Abwärtsstrudel zu reissen und damit in den Bankrott zu treiben.

Wirkungsdiagramm Im nachfolgenden Netzwerk sind die im Text beschriebenen Zusammenhänge aufgezeigt.

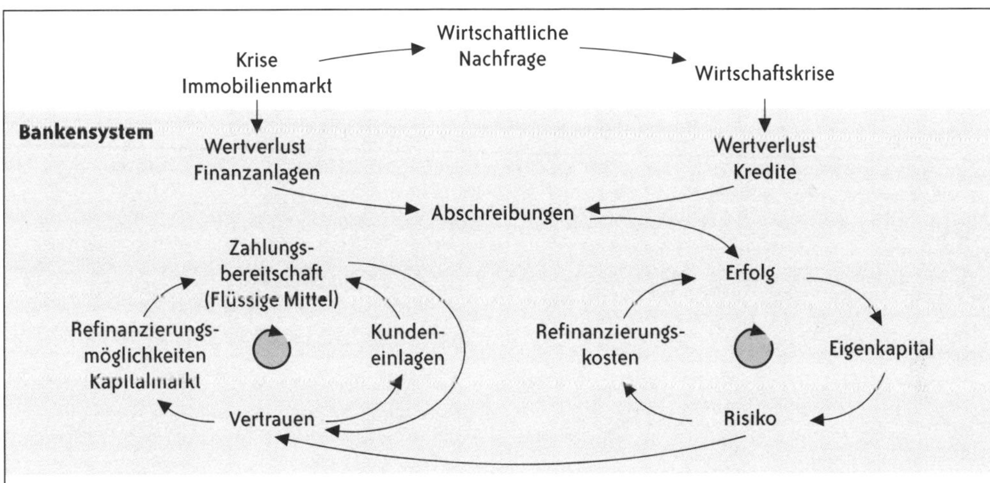

Aufgaben

(a) Bezeichnen Sie im Netzwerk jene Pfeile mit einem Minuszeichen, welche einen negativen Wirkungszusammenhang darstellen.

(b) Interpretieren Sie das Netzwerk, indem Sie je die wichtigsten zwei bis drei Rahmenbedingungen, Hebel und Indikatoren bezeichnen. Rahmenbedingungen sind externe Variablen, welche nicht im System (hier: durch die Bank) beeinflusst werden können. Hebel sind beeinflussbare Grössen, wobei die Wirkung anhand von Indikatoren gemessen werden kann. Indikatoren selber können nicht direkt gesteuert werden.

(c) Das Netzwerk beinhaltet zwei Kreisläufe. Tragen Sie in der Grafik ein, ob diese als Motor oder Stabilisator bezeichnet werden können. Welche Hinweise im Text weisen auf die Lösung hin? Interpretieren

Sie das Ergebnis: Was bedeutet dies für eine Bank, welche von der Krise betroffen und den im Netzwerk dargestellten Wirkungen unterworfen ist?

(d) Wie ausgeprägt ist die Dynamik der Kreisläufe? Bestimmen Sie für beide das zeitliche Mass, in dem diese ablaufen (zum Beispiel Jahre, Monate, Tage oder Stunden). Was schliessen Sie daraus?

(e) Zeichnen Sie eine Grafik, welche die Grösse «Zahlungsbereitschaft» in Abhängigkeit von der Zeit abbildet. Bringen Sie den Graph mit dem Begriff «Bank Run» in Verbindung. Zudem: Inwiefern zeigt die vereinfachte Bankbilanz in der Informationsgrundlage das Potenzial für einen solchen «Bank Run»?

(f) Was kann eine Bank, die in einer kritischen Situation ist, in Bezug auf die Hebel tun? Sehen Sie mit Blick auf die Bilanz zusätzliche Möglichkeiten, welche weitere Abschreibungen verhindern können? Was konkret bewirkten die beiden Rettungsmassnahmen für die UBS?

(g) Die Schweizerische Finanzmarktaufsicht Finma hat als Reaktion auf die notwendige UBS-Rettung und die Finanzmarktkrise die Vorschriften für die künftige Eigenkapitalunterlegung insbesondere von Grossbanken deutlich verschärft. Begründen Sie aufgrund Ihrer Systemkenntnisse diesen Schritt.

2-8 Facebook: «The winner takes it all» dank Netzwerkeffekten

Problemstellung

Warum ist Microsoft so erfolgreich, gemessen an Marktanteil und Rentabilität? An der Qualität allein kann es kaum liegen, wie unzählige Witze und Anekdoten[1] immer wieder deutlich machen. Der wichtigste Grund für den Vorsprung von Microsoft gegenüber der Konkurrenz liegt darin, dass in der Softwareindustrie Netzwerkeffekte eine wichtige Rolle spielen. Verstärkende Rückkoppelungen führen in diesen Märkten dazu, dass der erfolgreichste Anbieter auf Kosten der anderen noch erfolgreicher wird. Dieses biblische «Wer hat, dem wird gegeben» war bei Microsoft gut zu beobachten: So gab es in den achtziger und neunziger

---

1 Zum Beispiel: Bei einer Computermesse hat Bill Gates die Computerindustrie mit der Autoindustrie verglichen und das folgende Statement abgegeben: «Wenn General Motors (GM) mit der Technologie so mitgehalten hätte wie die Computerindustrie, dann würden wir heute alle 25-Dollar-Autos fahren, die 1000 Meilen mit einer Gallone Sprit fahren würden.»
Als Antwort darauf veröffentlichte General Motors eine Presseerklärung mit folgendem Inhalt: «Wenn GM eine Technologie wie Microsoft entwickelt hätte, dann würden wir heute alle Autos mit folgenden Eigenschaften fahren:

1. Ihr Auto würde ohne erkennbaren Grund zweimal am Tag einen Unfall haben.
2. Jedes Mal, wenn die Linien auf der Strasse neu gezeichnet werden, müsste man ein neues Auto kaufen.
3. Gelegentlich würde der Automotor ohne erkennbaren Grund auf der Autobahn einfach ausgehen und man würde das einfach akzeptieren, neu starten und weiterfahren.
4. Wenn man bestimmte Manöver durchführt, wie zum Beispiel eine Linkskurve, würde der Motor einfach ausgehen und sich weigern, neu zu starten. Man müsste dann den Motor neu installieren.
5. Man kann nur alleine in dem Auto sitzen, es sei denn, man kauft ‹Car07› oder ‹Car10›. Aber dann müsste man jeden Sitz einzeln bezahlen.
6. Apple würde Autos herstellen, die mit Sonnenenergie fahren, zuverlässig laufen, fünfmal so schnell und zweimal so leicht zu fahren sind, aber dafür nur auf 5 % aller Strassen fahren.
7. Die Öl-Kontroll-Leuchte, die Warnlampen für Temperatur und Batterie würden durch eine ‹Genereller Autofehler›-Warnlampe ersetzt.
8. Neue Sitze würden erfordern, dass alle dieselbe Gesässgrösse haben.
9. Das Airbag-System würde fragen: ‹Sind Sie sicher?›, bevor es auslöst.
10. Gelegentlich würde das Auto Sie ohne erkennbaren Grund aussperren. Sie können nur mit einem Trick wieder aufschliessen, und zwar müsste man gleichzeitig den Türgriff ziehen, den Schlüssel drehen und mit einer Hand an die Radioantenne fassen.
11. General Motors würde Sie zwingen, mit jedem Auto einen Deluxe-Kartensatz der Firma Rand-McNally (eine GM-Tochter) mit zu kaufen, auch wenn Sie diesen Kartensatz nicht brauchen oder möchten. Wenn Sie diese Option nicht wahrnehmen, würde das Auto sofort 50 % langsamer werden (oder schlimmer). Darüber hinaus würde die Justiz deswegen gegen GM ermitteln.
12. Immer dann, wenn ein neues Auto von GM hergestellt werden würde, müssten alle Autofahrer das Autofahren neu erlernen, weil keiner der Bedienhebel genau so funktionieren würde wie in den alten Autos.
13. Man müsste den ‹START›-Knopf drücken, um den Motor auszuschalten.»

(www.mhelbing.ch/m-cmesse.htm, leicht modifiziert)

Jahren beispielsweise im Bereich von Office-Lösungen noch Alternativen zu Microsoft-Produkten, wie etwa Word Perfect im Bereich Textverarbeitung oder 1-2-3 zur Tabellenkalkulation. Mit der Open-Source-Gemeinde existiert mittlerweile auf diesen Märkten im Wesentlichen nur noch eine einzige starke Konkurrenz für Microsoft.

Es gibt wenige Branchen, in denen Netzwerkeffekte von zentraler Bedeutung sind. Aber überall, wo dies der Fall ist, gibt es Branchendominatoren, welche oft den Löwenanteil des Marktes beherrschen. Während es in den meisten weltweit etablierten Wirtschaftssektoren (wie etwa Banking, Versicherungen, Maschinenindustrie, Elektronik, Pharma, Auto oder Airlines) selbst den erfolgreichsten Unternehmen nicht gelingt, auch nur zehn Prozent globalen Marktanteil zu erreichen, sind in Branchen mit Netzwerkeffekten marktbeherrschende Anteile über fünfzig Prozent keine Seltenheit. Netzwerkeffekte spielen auch im Bereich der sozialen Netzwerke eine dominante Rolle, zum Beispiel beim Branchenprimus Facebook: Je mehr Personen auf Facebook sind, desto höher ist die Wahrscheinlichkeit, dass meine Freunde dort auch sind, folglich wird das Angebot attraktiver für mich, und damit auch gleichzeitig attraktiver für meine Freunde. Netzwerkeffekte gehören zu den stärksten ökonomischen Kräften überhaupt. Es lohnt sich, deren Wirkung am Beispiel von Facebook zu studieren.

Informationsgrundlage Der nachfolgende Artikel von Stephan Dörner erschien im deutschen Handelsblatt vom 26. Juli 2010.

Netzwerkeffekt

Warum Facebook der Konkurrenz keine Chance lässt

Es klingt paradox: Facebook ist einer jüngsten Umfrage zufolge bei den US-Verbrauchern unbeliebt, regelmässig hagelt es scharfe Kritik von Datenschützern. Dennoch scheint das Wachstum des grössten sozialen Online-Netzwerks unaufhaltsam. Gerade erst hat Facebook die Marke von 500 Millionen Nutzern überschritten. Der Grund: Die Internet-Ökonomie funktioniert nach eigenen Gesetzen.

Nur sechs Jahre nach der Gründung sind eine halbe Milliarde Menschen auf dem grössten sozialen Online-Netzwerk Facebook aktiv. Die ursprünglich für den Austausch von Studenten in den USA entwickelte Plattform wird inzwischen von Menschen in aller Welt genutzt, um sich mit einer persönlichen Profilseite zu präsentieren, Fotos zu zeigen und sich mit Bekannten auszutauschen.

Für Konkurrenten wird es zunehmend eng: Je mehr Mitglieder sich auf Facebook vernetzen, desto attraktiver wird die Plattform für neue Mitglieder. Denn die meisten User werden dorthin gehen, wo die grösste Anzahl von Freunden angemeldet ist. Technische Innovationen, gutes Design und leichte Benutzbarkeit rücken da in den Hintergrund.

Dass Facebooks Kapital in erster Linie die Nutzer und nicht die Serviceleistungen sind, zeigt auch eine am Montag veröffentlichte Umfrage. Auf der ein hundertstufigen Zufriedenheitsskala des American Consumer Satisfaction Index (ACSI) erreicht das Online-Netzwerk gerade mal einen Wert von 64 und ist damit eines der am schlechtesten bewerteten Unternehmen aller untersuchten Branchen. Der Social-Media-Dienst liegt gleichauf mit den bei US-Verbrauchern generell unbeliebten Fluggesellschaften und Kabel-TV-Sendern.

Zu den häufigsten Beschwerden der Facebook-Nutzer gehören Datenschutz- und Sicherheitsbedenken, die für Updates verantwortliche Technik, die Flut der Anzeigen und Spam-Meldungen sowie ständige, unvorhergesehene Änderungen in der Navigation und der Sichtbarkeit der eigenen Daten für andere.

Doch trotz aller Beschwerden wächst Facebook rasant. Grund dafür dürfte in erster Linie der Netzwerkeffekt sein. So bezeichnen Ökonomen das Phänomen, dass der Nutzen für jedes Mitglied des Netzwerks mit jedem weiteren User wächst. «Es gibt einen direkten und einen indirekten Netzwerkeffekt», erläutert Michael Coenen, Geschäftsführer des Düsseldorf Institute for Competition Economics (DICE) der Heinrich-Heine-Universität. Als direkten Netzwerkeffekt bezeichnen Ökonomen den Nutzen, von dem jeder Benutzer durch jeden weiteren Teilnehmer des Netzwerks profitiert, weil er sich mit weiteren Usern verbinden kann.

Daneben wirkt sich auch der indirekte Netzwerkeffekt positiv auf die Attraktivität der Plattform aus: So entwickeln beispielsweise externe Anbieter umso mehr zusätzliche Spiele wie Farmville und andere Apps für Facebook, je mehr Nutzer auf der Plattform angemeldet sind. Deshalb tendieren Märkte wie die von sozialen Online-Netzwerken zu einem «Winner-takes-it-all»-Effekt: Sobald ein Angebot einen deutlichen Vorsprung im Vergleich zu anderen besitzt, steigt die Nutzerzahl rasant an, während die Konkurrenz-Netzwerke massiv an Attraktivität verlieren. Das deutsche Online-Netzwerk für Business-Kontakte, Xing, machte für die Jahre 2004 bis 2007 etwa ein Prozent der Bevölkerung in einer Stadt als kritische Masse aus, ab der der Netzwerkeffekt zu einem rasanten Wachstum führte.

In Schweden – einem Vorreiterland sozialer Online-Netzwerke – haben die beiden einst erfolgreichen lokalen Anbieter Lunastorm und Playahead bereits angekündigt, ihre Pforten zu schliessen. Dabei waren beide Netzwerke älter als Facebook: Bereits 2001 zählte Lunastorm mit 600 000 Nutzern sieben Prozent der schwedischen Bevölkerung, obwohl sich die Website nur an Teenager richtete. Da allerdings in Zeiten von globaler Kommunikation sowie Schüler- und Studentenaustauschen Freundschaften und Kontakte zunehmend auch international bestehen, setzte sich auch in Schweden langfristig der internationale Marktführer Facebook durch, bei dem inzwischen laut Facebakers.com über 43 Prozent der Schweden einen Account besitzen.

StudiVZ & Co beim Wachstum abgehängt

Auch die deutsche Konkurrenz zu Facebook – etwa die VZ-Netzwerke, wer-kennt-wen.de oder Lokalisten – haben in der Vergangenheit vom Netzwerkeffekt profitiert. Das lange führende deutsche soziale Netzwerk, StudiVZ, hat den Effekt bewusst forciert: Sogenannte «Campus Captains» sollten die virtuelle Gemeinschaft an ihrer jeweiligen Universität bekannt machen. Doch auch hierzulande ist ein klarer Trend Richtung Facebook zu erkennen. Die US-Website hat die deutsche Konkurrenz beim Wachstum deutlich abgehängt.

Netzwerkeffekte sind auch für viele andere Bereiche der IT-Industrie prägend. So hält sich bei den PC-Betriebssystemen seit Jahrzehnten ein stabiles Quasi-Monopol von Microsoft. Solange Windows das mit Abstand meistgenutzte Betriebssystem ist, lohnt es sich für Software-Anbieter, vor allem für dieses Betriebssystem zu programmieren – was die Plattform wiederum auch für Anwender attraktiver macht. Ein ähnlicher Effekt lässt sich derzeit für den stark wachsenden Markt des Mobile Computing beobachten: Mit harten Bandagen kämpfen unter anderem Apple und Google um die Vorherrschaft bei Smartphones. Beide setzen dabei auf eine möglichst grosse Zahl verfügbarer Apps für ihre Smartphone-Plattformen, um ihr System für die Kunden besonders attraktiv zu machen. Anders als bei den sozialen Netzwerken sieht Ökonom Coenen hier allerdings die hohe Entwicklungsgeschwindigkeit im Bereich der Smartphones und Apps als Dämpfer für den «Winner-takes-it-all»-Effekt.

Ist gegen die Übermacht von Facebook gar kein Kraut gewachsen? «Der Lock-in-Effekt ist in der Tat sehr stark», sagt der Wettbewerbsökonom Coenen. Allerdings könne man die Nutzer auch schlecht zwingen, auf andere Netzwerke auszuweichen. Gerade bei einem sozialen Netzwerk ist auch die Zerschlagung nicht im Sinne der Kunden. Die übermächtige Stellung von Facebook schreie allerdings nach Regulierung. So müsse sichergestellt sein, dass Facebook seine starke Position beispielsweise nicht dazu nutze, exklusive Verträge mit Telekom-Providern auszuhandeln. Denkbar sei ausserdem ein offener Standard, um den Austausch mit anderen Netzwerken zu gewährleisten. Die von Google für soziale Online-Netzwerke entwickelte offene Schnittstelle OpenSocial wird derzeit vor allem von der Facebook-Konkurrenz unterstützt. (...)

Die nachfolgende Grafik aus dem Jahr 2022 zeigt für Deutschland, wie viele Internetnutzer welche Social Networks verwenden (Quelle: Fittkau&Maass Consulting).

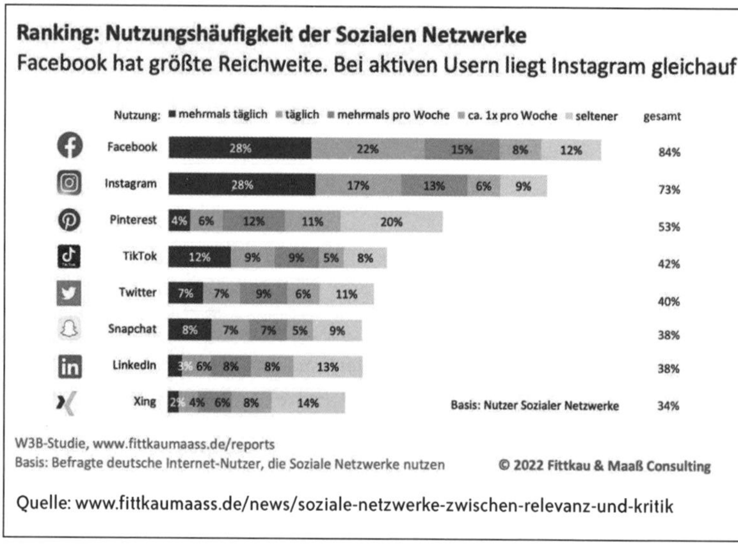

Wirkungsdiagramm Nachfolgend zeigt das Netzwerk die Situation in der Branche der sozialen Online-Netzwerke: die linke Seite zeigt die Zusammenhänge für Facebook, die rechte für alle anderen Betreiber.

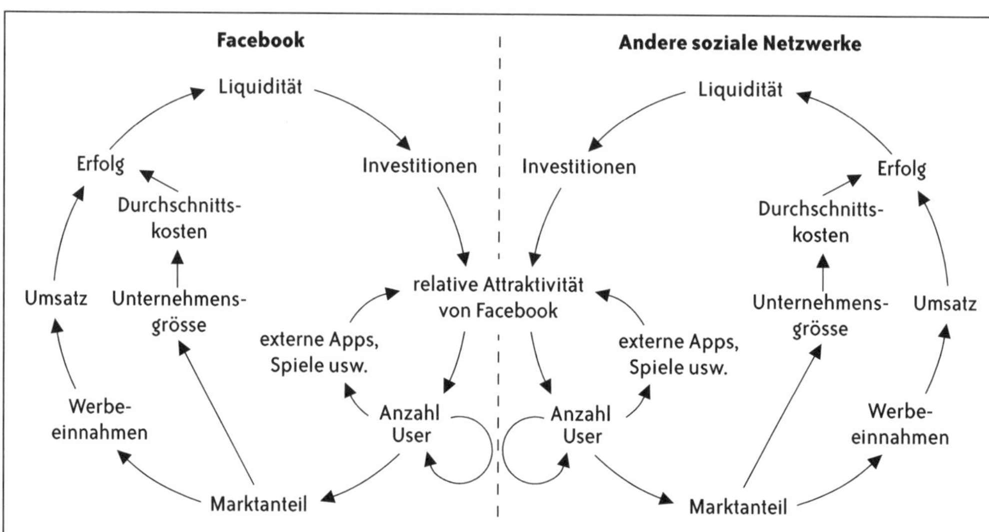

Aufgaben

(a) Markieren Sie im Netzwerk jene Pfeile mit rotem Leuchtstift, welche einen negativen Wirkungszusammenhang darstellen.

(b) Markieren Sie im linken Kreislauf (Facebook) den direkten Netzwerkeffekt mit blauem Leuchtstift, den indirekten mit grünem Leuchtstift.

(c) Geben Sie an, wie viele Kreisläufe sich insgesamt auf der linken Hälfte (Facebook) finden und ob es sich dabei jeweils um einen Motor oder Stabilisator handelt.

(d) Nennen Sie für den linken Kreislauf (Facebook) je einen sinnvollen Hebel und Indikator.

(e) Geben Sie an, wie im Netzwerk die Grösse «Marktanteil» berechnet wird. Warum wird dies anders als sonst üblich gemacht? Zeichnen Sie zum Modell ein xy-Diagramm mit dem Marktanteil von Facebook sowie dem Marktanteil der anderen sozialen Netzwerke in Abhängigkeit von der Zeit.

(f) Im Modell ist ein weiterer starker betriebswirtschaftlicher Zusammenhang abgebildet, welcher grossen Unternehmen zugute kommt. Erklären Sie ihn.

(g) In Branchen mit solchen Konstellationen wie oben im Netzwerk dargestellt, besteht oft ein anfänglicher Vorteil («relative Attraktivität»). Nennen Sie stichwortartig zwei praktische Ursachen für einen Startvorteil.

(h) Erklären Sie, warum – wie im Modell dargestellt – umso weniger Internetuser ein anderes soziales Netzwerk nutzen, je attraktiver Facebook relativ gesehen ist. Lässt sich dies anhand der gezeigten Grafiken der realen Internetnutzung bestätigen?

(i) Erklären Sie anhand des skizzierten Netzwerks mit eigenen Worten den «Winner-takes-it-all-Effekt». Wann spricht man dabei von «Lock-in»? Lässt sich dies in der Datengrafik bestätigen?

(j) Erklären Sie mit Blick auf das Modell, welche Eigenschaften ein Konkurrent mitbringen muss, um eine ernsthafte Gefahr für Facebook werden zu können.

(k) Nennen Sie weitere Unternehmen samt Branche, die von Netzwerkeffekten profitieren.

2-9 Credit Suisse: Lohneskalation im Investmentbanking

Problemstellung

Das Muster der Eskalation gehört zu den von Peter Senge beschriebenen selbstverstärkenden Archetypen. Teilweise wirkt dieser schon direkt nach der Geburt. Wer hat das niedlichste Baby, wer sind die perfektesten Eltern? Und so werden Kleidchen und Accessoires gekauft und das Kinderzimmer eingerichtet, als gäbe es kein Morgen. Man will schliesslich nicht zurückstehen, und für den süssen Wonneproppen ist nur das Beste gut genug. Das Messen mit anderen geht weiter, und bald übernehmen die Kinder das Kommando. Eltern können davon ein Lied singen. «Mama, Sina hat ein Handy und Mia und Luzia auch. Ich bin die Einzige ohne!» Munter geht das Vergleichen und Hochschaukeln in die nächste Runde, mit Spielzeug, Jeans, Kleider, Taschengeld und vielem mehr. «Shopping» wird heute von Jugendlichen bei der Frage nach der Lieblingsbeschäftigung am häufigsten genannt. Der Konsumterror findet seine Ursache in Vergleichsprozessen und dem Bedürfnis, dabei nicht hintanstehen zu wollen. Die Glücksforschung bestätigt, dass das Glücksgefühl auf relativen Vergleichen basiert. Nicht die absolute Höhe von Verdienst, Autogrösse oder Hausdimension ist entscheidend, sondern der Vergleich mit den Nachbarn: Audifahrer sind zufriedener im Golfquartier als im Porscheviertel. Und Bettler beneiden nicht denjenigen, der ihnen etwas gibt, sondern jene Bettler, in deren Hüten mehr Geld liegt …

Um das eigene Glück hochzuhalten, investieren Menschen oft kräftig: Niemand will schliesslich zu den Verlierern gehören. Genauso funktioniert eine Versteigerung, und schon viele haben sich übernommen beim Bemühen, die Mitbietenden auszustechen. Andere zu übertrumpfen, gehört zu den schönsten Gefühlen überhaupt. Schon vor zweihundert Jahren lagen Goethe und Schiller im Wettstreit, wer in einer bestimmten Zeit mehr schreiben könne. Bei nordwestamerikanischen Indianerstämmen führte im 19. Jahrhundert die Eskalation des Schenkwesens (sogenanntes «Potlatschen») teilweise dazu, dass sich die Schenkenden am Schluss komplett ruinierten. Den moralischen Drang, nichts schuldig zu bleiben, kann man oft bei gegenseitigen Einladungen beobachten. Und so wird ein Viergänger nach den Rezepten von Ivo Adam mit einem Sechsgänger à la Bocuse vergolten.

Lange war die USA unbestreitbar die Nummer eins bei der Höhe der Wolkenkratzer. Seit einiger Zeit eifern Malaysia, Taiwan und Dubai um die Wette. Das höchste Gebäude ist inzwischen mehr als 800 Meter hoch, ein 1000 Meter hoher Turm ist im Bau. Im Sport, beispielsweise im Fussball, lässt sich ähnliches Hochrüsten immer wieder feststellen: Bernhard Tapie gelang es von 1989 bis 1993, Olympique Marseille zur französischen, ja europäischen Spitzenmannschaft zu machen. Der Verein wurde dann allerdings abrupt in die zweite Liga relegiert, als ruchbar wurde, dass Bestechungsgelder gezahlt wurden. Heute schenken sich im Kampf der Giganten zwischen Real Madrid und Barcelona die Gegner nichts im Fight um die beste Mannschaft der Welt. Die Schulden von Real nehmen inzwischen astronomische Dimensionen an.

Verhängnisvoller wird es, wenn aus Spiel Ernst wird. Im Mittelalter rüsteten England und Spanien eine Armada auf, um die Vorherrschaft auf den Weltmeeren zu verteidigen. Frankreich und England konkurrierten später um den weltweiten Einfluss in den Kolonien. Und das atomare Hochrüsten im Kalten Krieg zwischen den USA und der Sowjetunion wurde glücklicherweise durch «Glasnost» (Tauwetter) auf der russischen Seite beendet, weil schlicht die Mittel für die weitere Eskalation ausgingen.[1] Dass die Rivalität aber keinesfalls vorüber ist, wurde im Februar 2022 in dramatischer Weise klar mit dem Einmarsch russischer Truppen in die Ukraine und dem nachfolgenden Konflikt zwischen dem Westen und Russland.

Das Musical «West Side Story» zeigt die tragische Entfesselung eines Bandenkriegs auf, und die Mafia kämpft in manchen Städten mit der Camorra oder anderen kriminellen Verbindungen um die lokale Vorherrschaft im Schmuggel-, Drogen-, Rotlicht- oder Waffenbusiness. Ob die USA im Drogenkrieg gegen die kolumbianischen Anbieter siegen können, ist fraglich. Sicher ist, dass beide Seiten mit (fast) allen Mitteln versuchen, die Oberhand zu gewinnen.

Etwas weniger dramatisch, aber nicht weniger fatal sind die Kleinkriege in vielen Beziehungen: Mann und Frau, von den vielen Ansprüchen von Beruf und Familie entkräftet, fordern gegenseitig mehr Unterstützung. Das Gespräch eskaliert, der eine Vorwurf provoziert den nächsten, und so schaukelt man sich hoch, weil niemand nachgeben oder den ersten Schritt zur Deeskalation einleiten will.

In Unternehmen ist es heute gängig, das Ziel einer Vertrauenskultur zu verfolgen. Mancher Vorgesetzte kann im Alltag nicht davon lassen, auch Kontrollen einzusetzen. Dies führt zu Misstrauen auf der Seite der Mitarbeitenden, und dieses äussert sich oft in geringerer Transparenz und weniger Kommunikation. Nun ist das Misstrauen des Chefs endgültig geweckt («Wo Rauch ist, ist auch Feuer»). Die Kontrollen werden verstärkt. Darauf entziehen sich die Mitarbeitenden noch mehr. Die Spirale dreht sich weiter.

Die Beispiele zeigen, dass Eskalation eine weitverbreitete Strategie ist. Menschen tun sich offensichtlich schwer damit, auf Vergeltung zu verzichten. Dies führt oft zu Ergebnissen, die niemand angestrebt hat. Es lohnt sich, diesen Archetypus genauer unter die Lupe zu nehmen und sich die Frage zu stellen, was besser gemacht werden kann.

---

1 Und nicht, wie im Film «War Games» von 1983 gezeigt, weil sich die Einsicht durchsetzte, dass Atomkriege nicht gewonnen werden können.

Informationsgrundlage

Die Credit Suisse finanzierte die Eisenbahn, brachte den Schweizer Fussball voran, galt als beste Bank der Welt. Jetzt jagen sich Skandale, die Aktien sind abgestürzt, und schliesslich musste der Bund im März 2023 retten, was noch zu retten war. Wie ist es dazu gekommen? Bis Mitte der 1990er Jahre war die Credit Suisse (damals Schweizerische Kreditanstalt) eine grosse Schweizer Bank, die auch im Ausland primär im Bereich der Vermögensverwaltung erfolgreich ihren Geschäften nachging. Diese liefen gut, und die CS zahlte Löhne, die im Branchenvergleich überdurchschnittlich waren. Dies galt allerdings für die meisten Schweizer Banken, gab es im Geldbusiness doch einfach mehr zu verdienen als anderswo. Und das Personal wurde gehörig an der Wertschöpfung im Bankgeschäft beteiligt. Die CS war von ihrer kulturellen DNA her trotz Auslandengagement eine typische Schweizer Bank: bodenständig, ein bisschen konservativ, eher risikoscheu, nicht allzu wachstumsgetrieben. Dies veränderte sich mit dem Führungsduo Rainer Gut (Verwaltungsratspräsident) und Lukas Mühlemann (CEO). Gut war sehr ehrgeizig und hatte Grosses mit der CS vor, und Lukas Mühlemann kam als McKinsey-Chef von aussen und war bereit, die Grenzen des bisherigen Bankings zu sprengen. McKinsey war zudem sehr amerikanisch geprägt, und Mühlemann brachte das angelsächsische Denken in die CS-Spitze hinein. Der CS wurde ein Wachstumskurs verschrieben, und auch die Rentabilität sollte deutlich zunehmen. Die Bank sollte zu einem der wichtigsten und grössten globalen Player im Business werden. Dazu gehörte, dass man die ganze Palette des Bankgeschäfts anzubieten hatte, also auch eine Investmentbank. Diese war zuständig für die Abwicklung von Fusionen und Übernahmen (Mergers & Akquisitions, M&A), die Finanzierung und Begleitung von Börsengängen, die Organisation von grossen Kreditbegehren (zum Beispiel durch die Ausgabe von Obligationenanleihen) und weiteren komplexen Geschäften für grosse und institutionelle Kunden. Heimat des globalen Investmentbankings war die Wall Street in New York, und da die CS nicht in kurzer Zeit eine eigene Sparte hochziehen konnte, kaufte sie 2000 kurzerhand die amerikanische Investmentbank Donaldson, Lufkin & Jenrette für knappe 20 Milliarden Franken.

Das US-Investmentbankensystem ist historisch durch eine Partnerstruktur geprägt: Hatte man sich nach langen Jahren harter Arbeit zum Partner hochgearbeitet, war man direkt an den üppig sprudelnden Gewinnen beteiligt. Millionensaläre waren für die oberste Ebene eine Selbstverständlichkeit. In der CS sorgte diese eingekaufte Kultur rasch für ein Umdenken: Wollte man diese «Masters of the Universe»[1] behalten, musste die bisherige Lohnstruktur durchbrochen und den neuen Invest-

---

1 Wie im Roman «Fegefeuer der Eitelkeiten» («Bonfire of Vanities») von Tom Wolfe beschrieben und darauf basierend mit Michael Douglas als Gordon Gekko im Hollywood-Streifen «Wall Street» verfilmt.

mentbankern ein vergleichbarer Lohn angeboten werden. Praktisch gleichzeitig mit der CS verfolgte die UBS ähnliche Pläne und kaufte die US-Investmentbank «Paine Webber». Der Konkurrenzkampf auf dem Weg zur bedeutenderen globalen Bank war entfacht. Weil mit der Zunahme der Börsengänge und M&A-Deals zu Zeiten der New Economy (Internethype Ende der 1990er Jahre) praktisch bei allen grossen Investmentbanken der Welt expandiert wurde, entwickelte sich ein Wettrüsten um die besten Banker und Talente. Die angelsächsische Kultur kennt im Vergleich zur moderaten Schweiz keine Hemmungen bezüglich Lohnhöhe. In dieser Logik zeigen Löhne Erfolg an und die Erfolgreichen haben Toplöhne verdient. Zurückhaltung oder gar Bescheidenheit sind im System unbekannt. Der Markt diktiert den Preis, und wenn das Angebot geringer ist als die Nachfrage, dann steigt dieser. Die CS war gewillt, in den «War for Talents»[1] einzusteigen und zu den Siegern zu gehören. Das Problem bei Investmentbankern, die eine Bank verlassen, besteht darin, dass sie nicht nur das spezialisierte Know-how, sondern oft gleich den ganzen Kundenstamm und unter Umständen auch noch das mitarbeitende Team an den neuen Arbeitsort mitnehmen. Der Verlust von qualifizierten Investmentbankern kann eine Bank also teuer zu stehen kommen. Die Banker wissen haargenau um ihre Verhandlungsmacht und schlagen heraus, was bezüglich Lohnhöhe machbar ist. Macht eine andere Bank ein besseres Salärangebot, wird in aller Regel gewechselt. Loyalität, also Verbundenheit mit dem bisherigen Arbeitgeber, besteht in diesem System kaum. Dies führte ab Ende der 1990er Jahre dazu, dass in einer expandierenden Nachfrage nach guten Investmentbankern die Banken einander im Lohnwettbewerb hochtrieben. Die CS hielt wacker mit und offerierte regelmässig attraktivere Gesamtentschädigungspakete als die Konkurrenz (wie J.P. Morgan, Goldman Sachs, Citigroup, Lehman Brothers oder UBS), um den Zustrom an Topleuten aufrechtzuerhalten und sich im globalen Kampf Wettbewerbsvorteile zu verschaffen. Weil die anderen Banken mitgingen, erhöhte sich das Lohniveau im Investmentbanking deutlich. So zahlte die CS 2007 jedem Angestellten der Investmentbank durchschnittlich mehr als 487 000 Franken. Noch absurder sind die Zahlen 2008: Jeder CS-Investmentbanker verdiente im Schnitt 357 000 Franken, während die eigene Sparte gleichzeitig einen Verlust von 14 Milliarden Franken einfuhr! Untersuchungen der NZZ am Sonntag zeigen denn auch, dass bei den Schweizer Grossbanken das Verhältnis von Löhnen zu Aktionärsausschüttungen am höchsten ist. 2010 bringt der amerikanische CEO Brady Dougan die Gier zur CS: Er lässt sich neben dem Salär von 18 Millionen Franken einen Bonus von 71 Millionen auszahlen. Der Chef fördert das expansive Investment Banking und senkt das Eigenkapital auf ein gefährliches Niveau. All die hochbezahlten Chefs brachten der Bank indes keinen Erfolg: Unter Dougan so-

1 Bei genauerer Betrachtung eigentlich ein ungeheuerlicher Begriff.

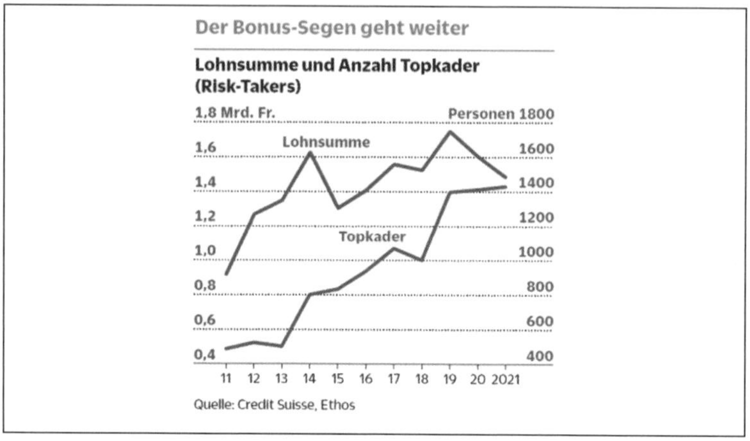

wie seinen Nachfolgern Tidjane Thiam und Thomas Gottstein ist der Börsenkurs um über 90% abgestürzt.

Im Jahr 2021 erhält die Geschäftsleitung trotz einem Milliardenverlust einen Bonus von immerhin 8,6 Mio. Franken. Auch bei den Topkadern geht der Bonus-Segen ungebremst weiter. Laut dem Geschäftsbericht 2021 beschäftigt die CS im Jahr 2021 1400 sogenannte Risk-Takers. Diese höhergestellten Manager haben 2021 insgesamt 1,5 Milliarden Franken verdient – praktisch gleich viel wie im Vorjahr.[1] Pro Kopf ergibt dies ein Gehalt von über einer Million Franken. Die «stille Enteignung der Bankaktionäre» zugunsten der Angestellten geht also offenbar munter weiter und die Schlussfolgerung der «NZZ am Sonntag» vom 24. Juli 2011 scheint nach wie vor topaktuell: «Es ist oft besser, bei einer Bank zu arbeiten, als eine zu besitzen.»

Wirkungsdiagramm Nachfolgend zeigt das Netzwerk die im Text beschriebenen Zusammenhänge.

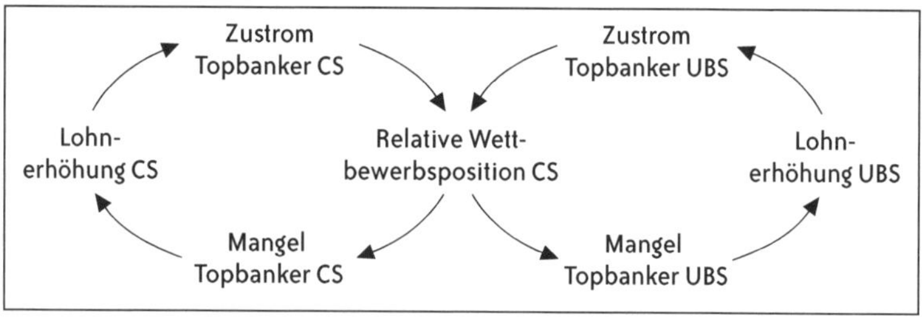

1 Quelle: NZZ am Sonntag vom 13. März 2022

Aufgaben

(a) Bezeichnen Sie im Netzwerk jene Pfeile mit einem Minuszeichen, welche einen negativen Wirkungszusammenhang darstellen.

(b) Notieren Sie, in welcher Reihenfolge das System zu lesen ist. Können Sie das entstehende Symbol mit der dargestellten Eskalationsschlaufe in Verbindung bringen? Zeichnen Sie in einem xy-Diagramm den zeitlichen Verlauf der gesamten Lohnerhöhungen der CS.

(c) Das Lohnniveau der Investmentsparte war und ist deutlich höher als jenes in den anderen Bereichen der CS. Welche Folgen ergeben sich für die Mitarbeitenden dieser Sparten, wenn sie von den hohen Entschädigungen der Investmentbank erfahren?

(d) Was passiert in einem Unternehmen, in dem die Lohnhöhe immer mehr zum entscheidenden Kriterium für den Verbleib oder Ausstieg wird? Skizzieren Sie mögliche Folgen und bewerten Sie diese. Was bedeutet der Spruch «Wer für Geld kommt, geht auch wieder für Geld»?

(e) Versetzen Sie sich in die Lage eines Aktionärs der Credit Suisse. Was sagen Sie als Aktionär zur Politik, immer höhere Löhne zu zahlen?

(f) Ein weiteres Beispiel für eine Eskalationsstrategie spielt sich seit dem Markteintritt von Aldi und Lidl in der Preissetzung des Schweizer Detailhandels ab. Zeichnen Sie das Netzwerk aus der Sicht von Coop, welche mittels Preissenkungen versucht, die relative Preisposition gegenüber Migros zu verbessern.

(g) Akteure, die in Eskalationen gefangen sind, haben oft den Eindruck, nicht aufhören zu können («Ich kann doch jetzt nicht nachgeben»). Dies ist bei genauerem Hinsehen selten der Fall. In der Regel bestehen deutlich mehr Handlungsmöglichkeiten als angenommen. Allerdings sind Menschen in Eskalationsstrategien meist mit Tunnelblick unterwegs und gefangen in der gegenseitigen Dynamik. Erklären Sie am Beispiel von Coop eine sinnvolle Alternativstrategie statt der Fortführung der Preisunterbietungen. Leiten Sie eine generelle Handlungsempfehlung für Akteure in Eskalationssituationen ab.

(h) Nennen Sie weitere Ihnen bekannte Beispiele für Eskalationen (auch aus Ihrem persönlichen Umfeld). Welche Lösungen gibt es dabei?

2-10 Credit Suisse: Verdrängung der intrinsischen Motivation durch Boni

Problemstellung

Ohne Motivation gibt es kein Handeln. Nur wenn Menschen «motiviert», im Wortsinn «bewegt» sind, engagieren sie sich, erbringen Leistungen und erreichen Ziele. Motivation gehört privat wie beruflich zu den wichtigsten Faktoren für Erfolg.

Motivation kann von innen heraus kommen oder aber von aussen gesetzt werden. Auf den ersten Blick scheint nicht so entscheidend, woher die Motivation kommt. Dies ist ein Trugschluss. Die menschliche Eigenmotivation, ausgelöst durch intrinsische Anreize wie Leistungsethos oder eine hohe Identifikation mit dem Unternehmen, ist eine starke und sehr bedeutsame Kraft. Sie ist durch extrinsische Anreizsetzung in aller Regel nicht zu ersetzen. Externe Motivierung ist meist gut gemeint und wird mit dem Ziel eingesetzt, dass damit die intrinsische Motivation zusätzlich unterstützt wird. Leider ist das oft nur kurzfristig der Fall. Mittel- bis langfristig bestehen Mechanismen, welche den eigenen Antrieb untergraben und verdrängen. Dies kann, gerade für Unternehmen, die auf das Instrument der extrinsischen Motivierung durch Leistungslohn und Bonus setzen, fatale Folgen haben.

Informationsgrundlage

Die vorhergehende Aufgabenstellung hat es gezeigt: Die Credit Suisse hat in den letzten Jahrzehnten das allgemeine Lohnniveau im Kampf um Talente und Banken-Cracks substanziell erhöht, insbesondere im Bereich Investmentbanking. Damit einher ging eine Verschiebung in der Bedeutung der verschiedenen Lohnbestandteile: Während der fixe Lohnanteil kleiner wurde, stieg der variable Anteil in Form von Leistungslohnbestandteilen bzw. Boni deutlich an. Bei Leistungslöhnen wird zu Beginn eines Zeitraums (zum Beispiel eines Jahres) definiert, welche Leistungen zu erbringen sind und wie diese honoriert werden. Am Schluss der Periode wird beurteilt, ob die Ziele erreicht wurden. Werden die festgelegten Kriterien erreicht oder sogar übertroffen, wird ein entsprechender Bonus gezahlt. Ist das nicht der Fall und wurden die Ziele nicht erreicht, hat dies negative Konsequenzen von der Ermahnung bis zur Entlassung zur Folge.

In den letzten Jahrzehnten galt ein Leistungslohn («pay-for-performance») weitherum als Inbegriff einer fortschrittlichen Unternehmensführung, gerade auch in der Bankenbranche (und hier vor allem bei den Grossbanken). Es wurde argumentiert, das Unternehmen habe klare Ziele und richte die Motivation seiner Mitarbeitenden auf diese aus. Damit käme es zur Verschmelzung von unternehmerischen und individuellen Zielen, was den Zielerreichungsgrad der Firma fördere. Zudem würden die Mitarbeitenden durch ansprechende Boni zusätzlich motiviert, sich ganz speziell für die Firma einzusetzen. Leistungslöhne seien damit Ausdruck einer besonderen Leistungskultur.

Erst seit wenigen Jahren zeigen empirische und experimentelle Forschungen[1] zunehmend deutlich die Nachteile einer starken «Incentivierung» durch Boni auf. Danach gelingt es externen Anreizen meist nur kurzfristig, das allgemeine Leistungs-Engagement zu verbessern. Mittel- bis langfristig spielt der Verdrängungs- bzw. Korrumpierungseffekt eine gewichtigere Rolle: die extrinsische Motivierung erhöht das Gefühl der Fremdsteuerung («Man will mich in eine bestimmte Richtung lenken») und untergräbt damit das für die Eigenmotivation so zentrale Gefühl der Selbststeuerung. Bietet man einer Person als Anreiz eine grosse Geldsumme, entfaltet diese ihre Wirkung als «süsses Gift» (Goethe: «Nach Golde drängt, am Golde hängt doch alles»). Zwar ist die Wahrscheinlichkeit gross, dass die Person ihr spezifisches Engagement entsprechend den definierten Boni-Kriterien hochschraubt und so auf die geforderte Zielerreichung hinarbeitet. Gleichzeitig verliert das allgemeine Engagement, das bisher aus Freude, Interesse oder Pflichtgefühl hochgehalten wurde, dadurch seinen Wert, dass es nicht bonusrelevant ist und damit nicht belohnt wird. Alles, wofür keine Belohnung herausspringt, ist offensichtlich nicht so wichtig für das Unternehmen. Je stärker Menschen geldmässige Anreize erhalten, desto expliziter stellen sie alle weiteren Bemühungen ein, die sie sonst völlig selbstverständlich für die Firma geleistet hätten. Darunter leiden Faktoren wie das Leisten der betrieblichen Basisarbeit (das, was im Alltag getan werden muss und einfach dazugehört, aber keine Belohnungen bringt: organisieren, ablegen, strukturieren, kommunizieren, Beziehungen pflegen usw.), das Einbringen von kreativen Ideen, die Unterstützung von Kollegen, die Teamorientierung, das für Unternehmen so wichtige Kooperationsklima. Zudem bleibt der durch die Fremdsteuerung empfundene Kontrollverlust («Meine Firma denkt offensichtlich, ohne Cash würde ich nichts machen, und will mich lenken wie eine Marionette») nicht ohne Folgen: Langsam, aber stetig wird die Eigenmotivation, die reine Lust an der Sache und die Freude an der generellen Leistung, durch die Ausrichtung auf Geldentschädigungen vergiftet. Die Gefahr ist grösser, wenn es sich beim Berufsprofil um komplexe, anspruchsvolle Tätigkeiten handelt. Hier drohen stärker als bei einfachen, monotonen Funktionen wichtige Leistungsaspekte unter den Tisch zu fallen. Und natürlich wirkt der Verdrängungseffekt umso stärker, je grösser der Leistungslohnanteil ausfällt. Im Investmentbanking der CS ist es keine Seltenheit, dass der Bonus höher ausfällt als der Fixlohn. Man muss sich nicht wundern, dass solchermassen anreizgesteuerte Personen nur noch die Bonuserfüllung im Kopf haben.

---

1 An vorderster Front sind hier die Arbeiten von Forschern der Universität Zürich zu erwähnen: Margit Osterloh und Bruno S. Frey; vgl. beispielsweise eine Zusammenfassung unter:
www.oekonomenstimme.org/artikel/2011/08/irrweg-variable-leistungsentlohnung/

Wirkungsdiagramm Die im Text besprochenen Zusammenhänge werden nachfolgend in einem zweiteilig aufgebauten Netzwerk aufgezeigt. Der Titel zeigt jeweils das abgebildete Thema.

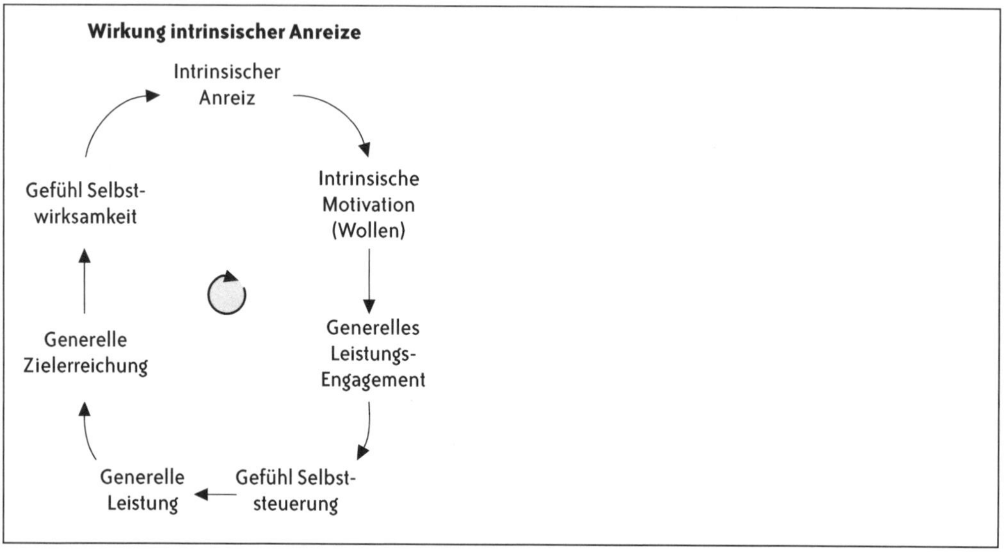

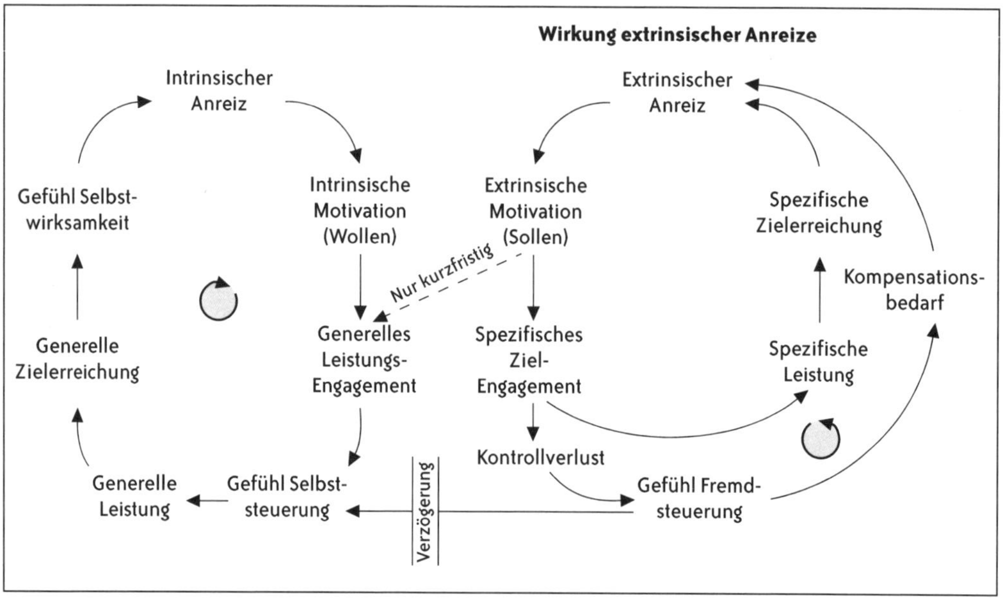

Aufgaben

(a) Markieren Sie in den Netzwerken jene Pfeile mit einem Minuszeichen, welche einen negativen Wirkungszusammenhang darstellen.

(b) Intrinsische und extrinsische Anreize werden passenderweise mit einem Generator bzw. einer Batterie verglichen. Erklären Sie die beiden Bilder.

(c) Geben Sie Beispiele für intrinsische Anreize, welche zum dargestellten Modell passen. In welchen konkreten Bereichen wirken bei Ihnen intrinsische Anreize? Benennen und erklären Sie die jeweiligen intrinsischen Anreize.

(d) Douglas McGregor hat in seinen Arbeiten Menschenbilder erforscht und die Vorstellung von intrinsisch motivierten Personen als «Theorie Y», jene von extrinsisch motivierten Personen als «Theorie X» bezeichnet. Die Forschung der letzten Jahre zeigt immer deutlicher, dass viele Menschen zum Typ Y neigen, das heisst, grundsätzlich motiviert sind. Erklären Sie anhand der Gefühls-Grössen im Modell, warum dies nicht nur für hochqualifizierte Personen gilt, sondern auch für Menschen, die einfache Arbeiten erfüllen.

(e) Wenn davon ausgegangen werden kann, dass die meisten Menschen bei der Arbeit intrinsisch motiviert sind, ist dies doch eine tolle Sache für Unternehmen: Ohne dass sie etwas tun müssen, ist generelles Leistungs-Engagement vorhanden, werden Leistungen erbracht und Ziele erreicht. Warum gibt es viele Vorgesetzte, die allerdings nicht allein auf die Wirkung dieses Systemkreislaufs vertrauen wollen? Bestimmen Sie dazu auch die Anzahl der unternehmerischen Hebel im ersten Netzwerk.

(f) Erklären Sie, warum es für die Funktionsweise des linken Netzwerks sehr wichtig ist, dass Unternehmen in den Augen ihrer Mitarbeitenden eine überzeugende Vision und akzeptierte Zielsetzungen aufweisen.

(g) Viele Unternehmen sind überzeugt, das generelle Engagement ihrer Mitarbeitenden durch starke extrinsische Anreize (wie zum Beispiel ein hoher Anteil Leistungslohn oder ein kriteriengekoppelter Bonus) vergrössern zu können. Empirisch lässt sich zeigen, dass dies kurzfristig oft eintritt (Disziplinierungseffekt), mittel- bis langfristig aber der Verdrängungseffekt überhandnimmt. Erklären Sie die beiden Wirkungen hinsichtlich Engagement und Leistung mit Ihren eigenen Worten.

(h) In der Bankenbranche werden Boni in der Regel im März ausbezahlt. Wann kündigen am meisten Mitarbeitende? Nennen Sie die Gründe dafür.

(i) In den Augen der CS könnte man zum Schluss kommen, dass aufgrund der erfolgreichen Anreizsetzung Leistungen und Ziele erreicht wurden und deshalb künftig keine weiteren Anreize mehr nötig sind («Es klappt ja»; vgl. die dargestellte Wirkung im Modell).

Dummerweise ist allerdings die Wirkung hinsichtlich Kompensationsbedarf stärker. Wozu führt der rechte Kreislauf hinsichtlich der Höhe der Anreize im Lauf der Zeit? Argumentieren Sie ausführlich.

(j) Die Bankenbranche setzt stark auf den Lohn als Motivationsfaktor. Die Zwei-Faktoren-Theorie nach Herzberg besagt, dass sogenannte Motivatoren wie sinnvolle Arbeitsinhalte, die Möglichkeit zur Verantwortungsübernahme, Wertschätzung und das Erleben von Erfolgserlebnissen echte Arbeitszufriedenheit schaffen, während Hygienefaktoren wie zum Beispiel der Lohn im besten Fall Unzufriedenheit verhindern, nie aber selber Zufriedenheit schaffen können. Einfach gesagt: Geld macht nicht glücklich, sondern kann höchstens verhindern, dass man am Arbeitsplatz unglücklich ist. Wie hoch dürfte das generelle Motivationsniveau im Bankwesen im Vergleich zu anderen Branchen (die praktisch alle deutlich tiefere Löhne zahlen) sein? Begründen Sie Ihre Antwort.

(k) Zeichen Sie in einem xy-Diagramm den zeitlichen Verlauf der intrinsischen Motivation, wenn wie bei der CS hohe Boni bezahlt werden. Was passiert im Diagramm, wenn plötzlich auf extrinsische Anreize verzichtet würde? Ziehen Sie eine Schlussfolgerung: Was passiert, wenn eine Firma einmal mit dem Instrument hoher Boni begonnen hat? Bedenken Sie dabei auch, dass im Lauf der Zeit eine Personalselektion stattgefunden hat.

(l) Gegen hohe Leistungslöhne aufgrund von spezifischen Kriterien sprechen nebst dem Verdrängungseffekt drei weitere, gewichtige Argumente. Erklären Sie diese.

(m) Was empfehlen Sie aufgrund der bisherigen Erkenntnisse einem Unternehmen, das prüft, einen bedeutenden Teil des Lohnes als Leistungslohn auszurichten?

(n) Eine Aufgabe für angehende Eltern: Sollen Kinder für gute Schulnoten eine Geldbelohnung erhalten?

3 Aufgabensammlung VWL

Inhaltsübersicht

3-1 Schweiz: Systemische Steuerpolitik

Problemstellung

Wie bekämpft man Terroranschläge am besten? Fragt man die Amerikaner, bekommt man die sinngemässe Antwort: Terrorangriffe bedrohen unsere Bürger und erfordern unsere energische militärische Reaktion. Aus Sicht der Terroristen ist allerdings die USA der Aggressor (zum Beispiel in Afghanistan), der beispielsweise durch die Rekrutierung von weiteren Terroristen bekämpft werden muss. Die beiden kausalen Zusammenhänge bilden gemeinsam ein System, nämlich einen Kreislauf ununterbrochener Aggression. Ob man mit «mehr desselben» tatsächlich eine Eindämmung des Terrorismus erreicht, ist aus systemischer Perspektive mehr als fraglich (vgl. Aufgabe 2-9 zum Archetypus der Eskalation).

Offensichtlich liegt die Lösung für gewisse Probleme darin, sich kontraintuitiv zu verhalten. Wie erreicht man ewige Liebe? Frisch Verliebte werden sich danach sehnen, einander für immer in den Armen zu halten. In Liebesdingen Erfahrenere werden möglicherweise sagen: Indem man loslässt und sich gegenseitig viel Freiräume zugesteht. In dieser Freiheit hat die Liebe eine bessere Chance, sich über längere Zeit zu entfalten.

Wie kann man ein Unternehmen so erfolgreich wie möglich machen? Naheliegend wäre, hohe Umsatz- und Gewinnziele zu setzen, mittels Kennzahlen sorgfältig zu messen und zu überwachen sowie Mitarbeitende mit Leistungslohn und Bonus für die Zielerfüllung zu motivieren. Die Managementforschung gibt eine andere Antwort: Am erfolgreichsten sind nicht jene, die am stärksten gewinnorientiert sind, sondern jene, bei denen andere Ziele im Vordergrund stehen. Sehr erfolgreiche Unternehmen haben eine ausgeprägte Mission und sehen sich im Dienste eines höheren Firmenzwecks. Sie möchten mit ihren Produkten und Leistungen den Menschen dienen und die Welt weiterbringen. Natürlich wollen Johnson & Johnson[1], Apple, Google, Roche und Nestlé auch Geld verdienen. Ebenso wichtig ist ihnen aber, durch eine sinnstiftende Tätigkeit die Ansprüche vieler Stakeholder zu erfüllen. Peter Senge zitiert Bill O'Brien: «Echtes Engagement bezieht sich immer auf etwas, das grösser ist als man selbst.» Erfolgreich wird man als Firma nicht, indem man dem Geld hinterherrennt. Wenn man von der Sache überzeugt ist und eine wahrhaft begeisternde Vision verfolgt, werden starke Kräfte und Energien frei. Diese sind es, die den Erfolg – und mit ihm oft das Geld – bringen.

Ähnliches gilt für die Steuerpolitik. Auf den ersten Blick bringen hohe Steuersätze hohe Erträge. Um die Steuerhinterziehung zu bekämpfen, braucht es viele Steuerfahnder und möglichst lückenlose Kontrol-

1 Die Mission von J&J lautet: «The fundamental objective of Johnson & Johnson is to provide scientifically sound, high quality products and services to help heal, cure disease and improve the quality of life.»

len. Deutschland[1] und viele weitere Staaten verfolgen einen solchen Ansatz. Die Schweiz wählt glücklicherweise eine etwas andere Strategie – und erzielt mit ihrem systemischeren Vorgehen mehr Erfolg.

Informationsgrundlage Der nachfolgende Artikel von Roland Waibel erschien in der «Finanz und Wirtschaft» vom 28. April 2010.

Die Pflege der Steuermoral zahlt sich aus

Empirische Studien belegen positiven Zusammenhang zwischen Vertrauen, Steuerehrlichkeit und Steuerertrag – Psychologischer Vertrag zwischen Bürger und Staat

Seitdem die Schweiz mit der Übernahme des OECD-Standards 26 auch bei Steuerhinterziehung Amtshilfe gegenüber ausländischen Staaten zu leisten gewillt ist, kommt die Unterscheidung zwischen Steuerhinterziehung und -betrug im Inland immer mehr unter Druck – auch wenn die FDP-Delegiertenversammlung am Samstag nun doch daran festgehalten hat. Wichtiger als die konkrete Ausgestaltung der Abgrenzung ist die Beibehaltung der bisherigen systemischen Steuerpolitik, die Steuervergehen im Inland abgestuft und mit Augenmass ahndet. Dies fördert den Erhalt der Steuermoral, die letztlich, zusammen mit tiefen Steuersätzen, hohe Steuererträge sichert. Ein Blick auf die systemischen und empirischen Zusammenhänge macht deutlich, dass eine hohe Steuermoral nachhaltig zu höheren Steuererträgen führt.

Das Schweizer Steuersystem basiert auf unserem Staatsverständnis: Bürger und Staat sind Vertragspartner. Der Bürger zahlt seine Steuern und bezieht dafür Leistungen. Das differenzierte und massvolle Steuergebaren steht für einen staatlichen Vertrauensvorschuss. Beginnt der Staat uneingeschränkt in den finanziellen Verhältnissen seiner Bürger zu schnüffeln, widerspricht dies unserem Staatsverständnis. Darum gilt die Selbstdeklaration. Steuerdelikte werden abgestuft behandelt, der Bürger wird bei Verfehlungen nicht vorschnell kriminalisiert. Kontrollen, Überwachungs- und Verfolgungsmassnahmen werden selektiv und im internationalen Vergleich zurückhaltend eingesetzt. Das gelebte Vertrauensprinzip wird vom Bürger als angemessener, verhältnismässiger Umgang wahrgenommen und erzeugt ein hohes Bürgervertrauen.

Respekt fördert Ehrlichkeit

Die empirischen Studien der Professoren Bruno Frey (Universität Zürich) und Lars Feld (Universität Heidelberg) bestätigen diesen Zusammenhang für die Schweiz: Die Ergebnisse weisen auf einen psychologischen Steuervertrag zwischen Bürger und Staat hin, nach dem sich beide Partner ihrer Rechte und Pflichten bewusst sind. Die Steuerhinterziehung fällt zum Beispiel in Kantonen mit mehr direktdemokratischen Institutionen geringer aus. Das Verhalten der Steuerverwaltung wurde in den Studien über eine Umfrage erfasst, die beispielsweise abfragt, was passiert, wenn ein Fehler in einer Steuerdeklaration entdeckt wird. Während einige Steuerämter angeben, im Regelfall den Steuerpflichtigen zuerst einmal anrufen und nachzufragen, greifen andere sofort zu einer formellen Einbestellung ins Steueramt. Solche Unterschiede haben bereits einen beträchtlichen Einfluss auf die Steuermoral.

Je respektvoller sich Steuerzahler durch die Steuerbehörde behandelt fühlen, desto höher fallen in den Studien Steuermoral und -ehrlichkeit aus. Eine ausgeprägte Steuerehrlichkeit bestätigt das staatliche Vertrauen und animiert zu einer Fortsetzung des zurückhaltenden Steuergebarens. Tatsächlich ist die Steuerehrlichkeit in der Schweiz sehr hoch, was sich in hohen Steuererträgen niederschlägt.

Untersuchungen des Steueramtes Baden zeigen, dass auf 11 500 Steuererklärungen 20 bis 30 Hinterziehungsfälle kommen, was einer Quote von 0,25% entspricht. Eine Erhebung des Kantons Bern für das Jahr 2009 zeigt, dass die Einwohner 136 Mrd. Fr. Vermögen versteuerten. Die Steuerverwaltung entdeckte davon 400 Mio. unversteuertes Geld, 0,3% der Gesamtsumme. Insgesamt weisen diese Zahlen – selbst

1 Wenn man dem ehemaligen deutschen Finanzminister Steinbrück glaubt, dann hilft auch eine Kavallerie.

wenn man von einer substanziellen Dunkelziffer ausgehen muss – in Richtung einer hohen Steuermoral und zeugen von einem intakten Vertrauensverhältnis zwischen Bürger und Staat.

In der Grafik ist dieser Zusammenhang eines selbstverstärkenden Kreislaufs auf der rechten Seite mit einem + markiert: In der Schweiz existiert bisher ein Engelskreislauf. Dagegen entspringt z. B. die obrigkeitsstaatliche Haltung Deutschlands im Steuergebaren dem Misstrauensprinzip und fördert über tiefes Bürgervertrauen, niedrige Steuermoral und eine tiefe Steuerehrlichkeit das Anziehen der Schraube geradezu. Entgegen staatlicher Erwartungen generiert dieser Kontroll- und Strafansatz nicht eine höhere Steuermoral, sondern unterminiert diese und führt, da die Medizin zu wenig wirkt, meist zu einer Erhöhung der Dosis.

Ventil Schattenwirtschaft

Die Steuerpolitik ist im Teufelskreis gefangen und führt mit jeder weiteren Verschärfung zu einer tieferen Steuermoral. Die medial inszenierte Verhaftung des Steuerhinterziehers und Ex-Post-Chefs Klaus Zumwinkel oder der Kauf von Steuersünder-CDs mögen kurzfristig abschrecken und zusätzliche Fiskaleinnahmen generieren. In der langen Frist unterminieren sie das angeschlagene Staatsvertrauen noch mehr und setzen entsprechende Verhaltensanreize. Der fiskalische Gesamteffekt dürfte negativ ausfallen.

Im unmittelbaren Zusammenhang gehen tiefe Steuersätze mit tiefen Steuereinnahmen einher. In einer systemischen Sicht führen allerdings tiefere Steuersätze über ein grösseres Steuersubstrat zu höheren gesamtwirtschaftlichen Steuererträgen. Zu einer nachhaltigen Steuerpolitik, die systemische Rückkoppelungen berücksichtigt, gehört deshalb das bewusste Anstreben tiefer Steuersätze. In vielen Hochsteuerländern der EU existiert längst eine substanzielle Parallelwirtschaft. Dabei gehen in Deutschland, Frankreich und Italien Abermilliarden Steuern wegen Schwarzarbeit und Schwarzgeldhaltung verloren (illegale Steuervermeidung).

Der europäische Experte für Schattenwirtschaft, Professor Friedrich Schneider von der Universität Linz, beziffert den Umfang der Schattenwirtschaft 2009 für Deutschland auf 14,8%, für die Schweiz auf 8,4, für Italien auf 22,2 und für Griechenland auf 25,2% des Bruttoinlandprodukts. Der Durchschnitt der OECD beträgt 13,9%. Deutschland weist demnach eine mehr als 40% höhere Schattenwirtschaftsquote als die Schweiz auf. Gemäss Schneider gilt dieses Verhältnis auch für das Ausmass der Steuerhinterziehung.

Hohe Steuersätze erhöhen nicht nur die Schattenwirtschaft. Verstärkt werden legale Steuerschlupflöcher gesucht und gefunden (legale Steuervermeidung). Gleichzeitig schmilzt das Steuersubstrat, weil die Leistungsbereitschaft angesichts prohibitiver Steuersätze schwindet und die Hängematte attraktiver ist als vermehrtes Arbeiten. Länder mit niedrigeren Steuersätzen profitieren zudem von einem positiven Zuwanderungssaldo, speziell von hochqualifizierten und mobilen Arbeitskräften. Insgesamt münden tiefe Steuersätze über ein höheres Steuersubstrat in hohen gesamtwirtschaftlichen Steuereinnahmen, selbst wenn das direkte Steueraufkommen des einzelnen Bürgers gering ausfällt.

Mehr steuern, weniger leisten

Empirisch lassen sich diese Kausalketten in Kantonen wie Appenzell Innerrhoden und Ausserrhoden, Thurgau oder Obwalden beobachten. Diese haben in den letzten Jahren ihre Steuersätze im interkantonalen und internationalen Wettbewerb substanziell gesenkt. Dennoch werden höhere Steuereinnahmen erzielt. International haben Länder wie Irland, Slowakei, Polen ebenso wie Singapur oder Hongkong davon profitiert. Die OECD zeigt in ihren Statistiken der letzten Jahre, dass für die Schweiz ebenso wie für die EU und OECD der Zusammenhang gilt: Tiefere Steuersätze gehen mit höheren Steuereinnahmen einher.

Aus systemischer Sicht ist wichtig, dass die hier skizzierte Sicht in der Steuerpolitik zur leitenden Maxime erhoben wird: Tiefere Sätze führen im internationalen Vergleich per Saldo zu höheren Steuereinnahmen, was wiederum in der Konkurrenzsituation ermöglicht, die Sätze tiefzuhalten bzw. weiter zu senken. Im linken Teil der Grafik ist dies mit einem + gekennzeichnet: Tiefere Sätze generieren höhere Steuereinnahmen und umgekehrt.

Auch hierzu darf sich die Schweiz bisher in einem Engelskreis wähnen, während sich viele andere Nationen in der Spirale nach unten befinden. Dazu kommt ein letzter Zusammenhang, von Schneider ebenfalls empirisch erhärtet: Niedere Steuersätze sichern eine hohe Steuermoral, während in Hochsteuerländern die Steuermoral nicht nur durch das konkrete Staatsgebaren, sondern auch durch die prohibitiven Sätze weiter geschwächt wird.

Kultivieren statt ausbeuten

Fazit: Eine kluge Politik maximiert die Steuermoral und die Steuererträge. Im Leitartikel der FuW Nr. 11 vom 10. Februar hat Robert Nef die Steuerpolitik Deutschlands mit einem Bären verglichen, der die Bienenstöcke zerstört, um an den Honig zu kommen. Die Regierung beutet die Steuerzahler aus, statt sie zu bewirtschaften. Eine optimale, systemisch motivierte Steuerpolitik pflegt die Steuerzahler dagegen nachhaltig und plagt sie nicht mit Kontrollen, Strafen und hohen Sätzen.

Das entspricht der Strategie des Imkers, der seine Bienen kultiviert und grundsätzlich so behandelt, dass ihre Produktivität steigt. Die Schweiz tut gut daran, sich daran zu orientieren und auch bei der Überprüfung der Unterscheidung zwischen Hinterziehung und Betrug differenzierendes Mass und einen respekt- und vertrauensvollen Umgang mit dem Bürger walten zu lassen. Dazu gehört, den Schutz der Privatsphäre zu wahren.

Wirkungsdiagramm Die im Text dargestellten Zusammenhänge sind im folgenden Netzwerk aufgezeichnet.

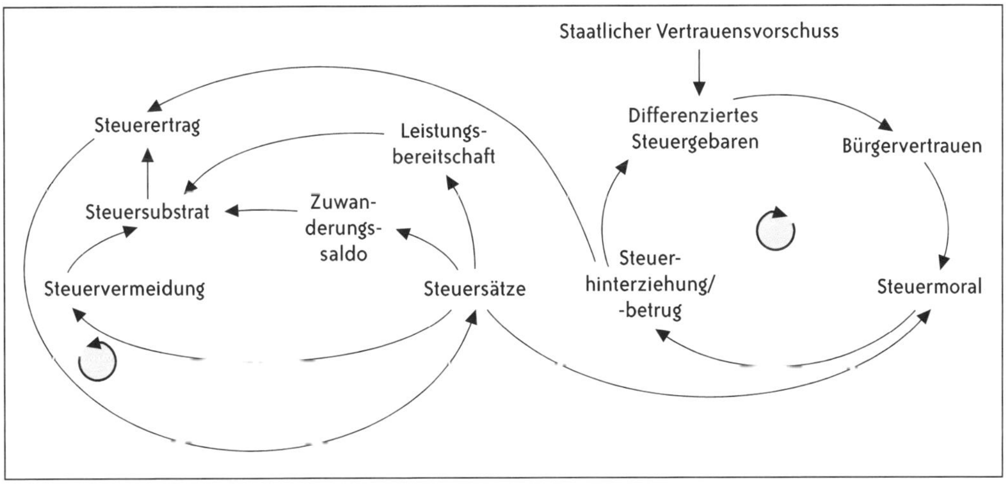

Aufgaben

(a) Markieren Sie im Netzwerk jene Pfeile mit einem Minuszeichen, welche einen negativen Wirkungszusammenhang darstellen. Zeichnen Sie im Netzwerk ein, ob die Feedbackschlaufen Motoren oder Stabilisatoren darstellen (wie im Beitrag erwähnt).

(b) Bezeichnen Sie im Netzwerk jeweils die zwei bis drei wichtigsten Grössen wie folgt:
- Markieren Sie Rahmenbedingungen mit einem Rechteck.
- Unterstreichen Sie Indikatoren.
- Umrunden Sie Hebel mit einem Oval.

(c) Erklären Sie im Netzwerk die Grösse «Staatlicher Vertrauensvorschuss». Welches Menschenbild steckt dahinter? Argumentieren Sie zum Beispiel mit den Theorien X und Y nach McGregor.

(d) Der staatliche Vertrauensvorschuss schlägt sich in einem differenzierten Steuergebaren nieder. Erklären Sie, was darunter konkret zu verstehen ist.
(e) Zeichnen Sie ein xy-Diagramm mit der Steuermoral in Abhängigkeit von einem differenzierten Steuergebaren sowie eines mit der Steuermoral in Abhängigkeit von der Zeit. Interpretieren Sie das zweite mit Blick auf das im Text beschriebene Beispiel Deutschland.
(f) Erklären Sie: Warum fällt die Steuerhinterziehung in Kantonen mit mehr direktdemokratischen Institutionen (zum Beispiel Appenzell Innerrhoden mit seiner Landsgemeinde) geringer aus?
(g) Erklären Sie, wie – abhängig von den Steuersätzen – die beiden Formen der Steuervermeidung funktionieren.
(h) Zeichnen Sie ein xy-Diagramm mit den Steuersätzen als x-Variable und bilden Sie die y-Variablen Steuermoral, Steuersubstrat und Steuerertrag ab. Erklären Sie den Verlauf der Grössen.
(i) In nordischen Ländern (wie Schweden, Dänemark, Norwegen) sind die Steuersätze in der Regel deutlich höher als in der Schweiz, dennoch ist das Mass der Steuerehrlichkeit ebenfalls hoch. Nennen Sie Gründe für diesen Zusammenhang.
(j) Zeichnen Sie ein xy-Diagramm mit dem Steuerertrag in Abhängigkeit von der Zeit, wenn wir von einem differenzierten Steuergebaren ausgehen. Empfehlen Sie dem Staat eine entsprechende systemische Steuerpolitik – wie lautet die entsprechende Handlungsmaxime?

3-2 Überfischung: Die Tragödie der Allmende

Problemstellung

Güter, die nur rivalisierend genutzt werden können (das heisst, nicht alle Personen können sie gleichzeitig nutzen), bei denen aber das Ausschlussprinzip (das heisst, andere können von der Nutzung ausgeschlossen werden) nicht funktioniert, heissen Allmendegüter. Dies trifft beispielsweise auf Elefanten zu. Weil Elefanten Wildtiere sind, gibt es abgesehen von privaten Naturparks keine individuellen Eigentumsrechte. Wilde Tiere gelten rechtlich als herrenlos, das heisst, niemand hat Eigentum an ihnen. Sowohl in staatlichen als auch in privaten Naturparks ist das Ausschlussprinzip kaum durchzusetzen. Zwar bewachen vierhundert Ranger den staatlichen Krüger-Nationalpark, dieser ist allerdings etwa halb so gross wie die Schweiz. Eine Kontrolle fällt entsprechend lückenhaft aus. Faktisch heisst dies, dass trotz vielfältigen Schutzbemühungen Wilderer immer noch Elefanten töten und das Elfenbein für teures Geld verkaufen können. Der Markt für Elfenbein funktioniert: je knapper das Angebot an Elfenbein ist, desto höher steigt der Preis. Und je höher der Preis ausfällt, desto grösser sind die Anreize für Wilderer, ihrem Frevel verstärkt nachzugehen.

Abgesehen vom moralischen Problem und dem verursachten Tierleid: eine Tragödie grösseren Ausmasses würde sich einstellen, sollte durch die Jagd der gesamte Elefantenbestand so dezimiert werden, dass die Regenerationsfähigkeit der Population nicht mehr gewährleistet wäre. In diesem Falle wäre die Erschöpfung der Elefantenherden so weit fortgeschritten, dass die natürliche Reproduktion nicht mehr ausreichen würde, die Dezimierung durch die Jagd zu kompensieren. Unter einem kritischen Wert könnte sich der Bestand nicht mehr erholen und es drohte das Aussterben dieser majestätischen Tiere.

So weit sind wir beim Elefanten glücklicherweise noch nicht. Dennoch sterben pro Tag circa fünfzig bis achtzig Pflanzen- und Tierarten aus. Der Tiger ist sehr gefährdet, weil zu viele Trophäenjäger ihr Ego mit einem Tigerabschuss steigern wollen und im asiatischen Raum einzelne Körperteile als Potenzmittel heiss begehrt sind. Der Film «Rapa Nui» zeigt drastisch auf, dass es auf den Osterinseln einmal reiche Waldbestände gegeben hat, bevor exzessiver Raubbau die Bäume für immer verschwinden liess. Pro Minute werden dreissig Hektaren Regenwald gerodet, und in Afrika ist das Abholzen von Bäumen zur Brennholzgewinnung ein ernstes Problem. Vielerorts bestehen nur noch kahle Flächen.

Die Beispiele zeigen, dass sich die Geschichte mancher Allmendegüter als Tragödie entwickelt. Der Begriff wurde schon früh in England geprägt, als es Sitte bei vielen Bauern war, die Kühe zuerst auf die allen zugängliche Gemeindewiese («the commons») zu treiben, und erst, wenn von dieser aufgrund der Übernutzung nur noch ein Morast übrigblieb, auf die eigenen Felder. Seitdem ist das Phänomen unter dem Begriff «the tragedy of the commons» bekannt. Weil die Tragik heute bei vielen Allmendegütern akut ist und die Folgen für Mensch und Umwelt erheblich sind, wird das Problem nachfolgend am Beispiel der Überfischung thematisiert. Peter Senge hat die Tragödie der Allgemeingüter als eines der verbreitetsten dynamischen Muster in den Katalog der Systemarchetypen übernommen. Zweck der Archetypen ist es, unsere Wahrnehmung zu verändern, damit wir die Wirkungsweise von Grundstrukturen der Natur und die potenziellen Hebel in diesen Strukturen besser sehen können.

Informationsgrundlage

Der Aralsee, das ehemals viertgrösste Binnenmeer der Erde, schrumpfte seit 1950 auf weniger als einen Fünftel der ursprünglichen Fläche. 1950 beschloss die Sowjetunion, Wasser aus den beiden Zuflüssen zum Aralsee abzuzweigen und damit Baumwollfelder zu bewässern. 1980 wurde die Bewässerung massiv ausgebaut; die bewässerte Fläche erreicht mehr als sechs Millionen Hektaren. Der Salzgehalt des Aralsees verdoppelte sich, sodass nur noch Garnelen und eine ausgesetzte Flundernart überleben konnten. Mit dem Flächenschwund und der Versalzung ging der Fischertrag von einstmals 50 000 Tonnen pro Jahr auf gerade noch 52 Tonnen im Jahr 2004 zurück. Staubstürme, die Versalzung des Bodens und die Vergiftung des Wassers durch Pestizide sowie ein grosser Artenverlust liessen den Aralsee zum Synonym für ein vom Menschen verursachtes Umweltdesaster werden.[1] Besserung brachte 2005 der Bau eines acht Meter hohen und dreizehn Kilometer langen Deichs, der das Wasser im nördlichen Aralsee zurückhält. Dadurch vergrösserte sich die Fläche des Sees wiederum um zwanzig Prozent, und der Salzgehalt ging zurück, sodass auch der Fischbestand sich wieder etwas erholte. Kasachstan verficht seit einigen Jahren eine nachhaltige Fischereipolitik und begrenzt die Fangquoten. Ziel ist, dass sich die Biomasse (das Gewicht aller Fische) in den nächsten Jahren nochmals verdoppelt.

Beim Aralsee scheint das Schlimmste abgewendet zu sein. Für den globalen Fischbestand besteht diese Gewissheit nicht. Die Meere gehören zu den am wenigsten regulierten Ressourcen, weil sehr viele Länder Zugang zu diesen haben und die Meere zudem so gross sind, dass es kaum möglich ist, Vereinbarungen kontrolliert durchzusetzen. Zudem sind die Wertvorstellungen in den einzelnen Ländern sehr unterschiedlich, man denke nur an Japans Haltung zur Delphin-, Wal- und Haifischjagd. Deshalb ist ein internationaler Konsens über Fangquoten, Schutzzonen usw. nur sehr schwer zu erreichen und noch schwieriger durchzusetzen. Zudem ist die Fischerei ein globales Multimilliardengeschäft, und in vielen Ländern generiert sie wesentliche Staatseinkünfte. Die kommerziellen Interessen sind deshalb in manchen Nationen enorm, und die Fischerei – selbst wenn sie in internationalen Gewässern stattfindet – wird als Teil der nationalen Souveränität gesehen. Einschränkungen dagegen werden als Einmischung in eigenstaatliche Belange interpretiert und oft kategorisch abgelehnt.

Das Problem der globalen Überfischung ist seit einiger Zeit bekannt. Dennoch nimmt die Übernutzung der Meere bis zum heutigen Tag noch zu, obwohl einige Fischarten bereits ausgestorben sind bzw. nur noch sehr kritische Bestände aufweisen. Die Liste der gefährdeten Spezies wird länger und länger. So sind ein Drittel aller Haie und Rochen vom Aussterben bedroht. Fällt der Fischbestand unter eine kritische Menge, kann sich die Art nicht mehr regenerieren, weil der Fischnachwuchs den natürlichen Schwund nicht mehr kompensieren kann. Ist diese Schwelle, der «Point of no Return» überschritten, bedeutet das das Todesurteil für die Art. Ein Hauptproblem besteht darin, dass zwischen der jährlichen Fischereimenge und der Erschöpfung der Fischbestände eine zeitliche Verzögerung, ein «Time Lag» besteht. Die Warnlampe eines niedrigen Bestandes leuchtet also erst mit Verspätung auf, und bis Gegenmassnah-

---

1 Im Video zum Song «On n'a qu'une terre» des schweizerischen Rappers Stress sind Bilder von gestrandeten Schiffen auf dem Aralsee zu sehen.

men greifen, braucht dies ebenfalls einige Jahre. Ein Riesentanker muss einige Kilometer vor dem Hafen gebremst werden, damit er nicht die Mole rammt. Wird dieser Zusammenhang vernachlässigt, sind die Folgen drastisch. Kurz vor der Mauer kann man nichts mehr machen. Ist der Restbestand einer Fischart unter eine kritische Grenze gesunken, droht das Aussterben. Werden Gegenmassnahmen nicht frühzeitig eingeleitet, könnte passieren, dass der Patient trotz gelungenem Eingriff stirbt. Überfischung ist ein enormes globales Problem. Inzwischen raten Experten, zur Schonung der Ressourcen nur einmal pro Woche Fisch zu essen. Wenn die Menschheit nicht bald handelt, könnte es für viele Fischarten bereits zu spät sein.

Wirkungsdiagramm

Die im Text dargestellten Zusammenhänge sind in den folgenden Netzwerken aufgezeichnet.

Die Grafik zeigt die Überfischung in Phase 1: Es lohnt sich für A, B, C und alle weiteren, ihre Aktivitäten zu erhöhen.

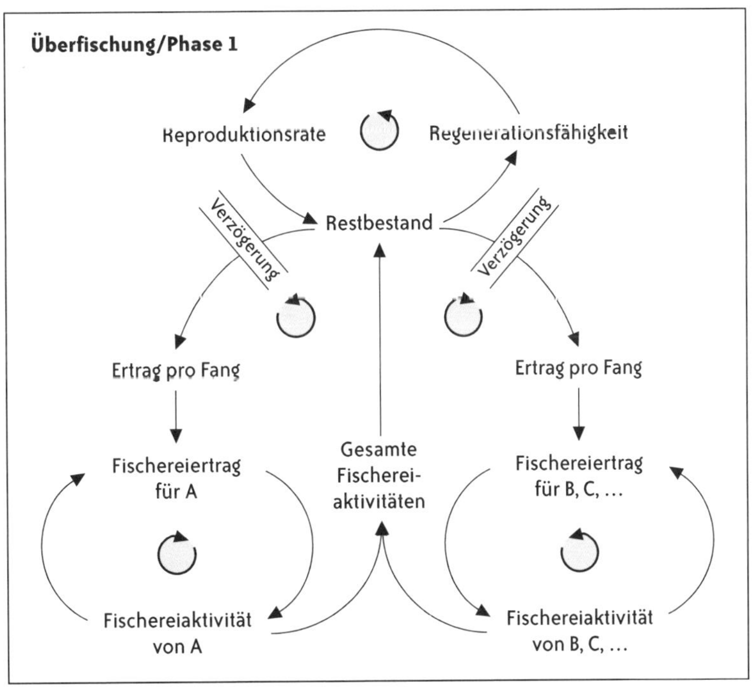

Die gesamten Aktivitäten steigen stark an. Nun folgt durch die Überfischung Phase 2: Der Grenznutzen, das heisst Gewinn per Einzelaktivität, sinkt stetig. Die Akteure erhöhen aufgrund von gesunkenen Gewinnen ihre Aktivitäten weiter, bis zum Kollaps.

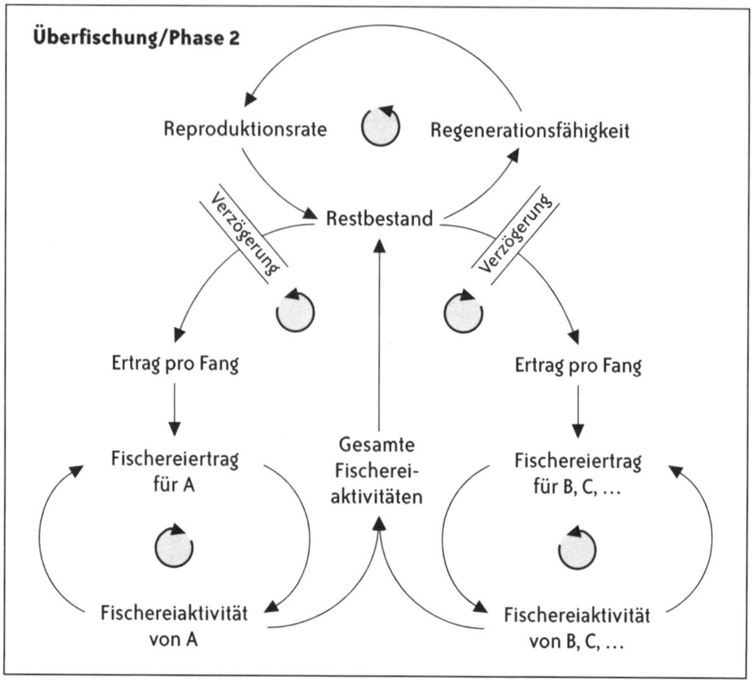

Aufgaben

(a) Markieren Sie in beiden Netzwerken jene Pfeile mit einem Minuszeichen, welche einen negativen Wirkungszusammenhang darstellen. Zeichnen Sie in allen Kreisläufen ein, ob es sich um Motoren oder Stabilisatoren handelt. Wo liegen die zentralen Unterschiede zwischen Phase 1 und 2?

(b) Was ist problematisch an der im Wirkungsdiagramm eingezeichneten Verzögerung? Zeichnen Sie ein xy-Diagramm, welches zeigt, wie sich der Restbestand in Abhängigkeit von der gesamten Fischereimenge entwickelt.

(c) Bezeichnen Sie den Zusammenhang des Restbestand-Feedback-Kreislaufs mit einem passenden Begriff. Zeichnen Sie ein xy-Diagramm, in welchem sie nur die Wirkung dieses Kreislaufs (ohne den Einfluss der Fischerei) in Abhängigkeit von der Zeit darstellen. Ziehen Sie eine Schlussfolgerung.

(d) Erklären Sie den Zusammenhang zwischen den Grössen Fischereiertrag und Fischereiaktivität in eigenen Worten. Inwiefern ändert sich der Zusammenhang zwischen Phase 1 und 2? Was ist das Fatale daran? Zeichnen Sie ein xy-Diagramm, welches die gesamte jährliche Fischereimenge im Zeitablauf zeigt, unter der Modellannahme, dass immer mehr gefischt wird bzw. die Fischereiaktivitäten verstärkt werden.

(e) Versetzen Sie sich in die Situation eines einfachen afrikanischen Fischers, der mit dem Fangertrag den Lebensunterhalt seiner Familie verdient: Warum wird er möglicherweise wenig Musikgehör für eine staatlich vorgeschlagene Einschränkung seiner Fangquote haben?
(f) Nehmen wir an, Sie hätten die Macht, eine globale Regel für den Fischfang aufstellen und durchsetzen zu können: Wie würde diese lauten? Begründen Sie Ihre Lösung.
(g) Offensichtlich funktioniert in der Fischereiwirtschaft Selbstregulierung nicht. Wie könnte eine nachhaltige Entwicklung der Fischbestände gefördert werden? Welches sind die Vor- und Nachteile der einzelnen Ansätze, und welches scheint das am meisten Erfolg versprechende Vorgehen zu sein?
(h) Warum lässt sich beispielsweise ein Abholzungsverbot in Kenia besser durchsetzen als ein globales Fischereiverbot?
(i) Welche weiteren Beispiele für die «Tragödie der Allmende» lassen sich finden?
(j) Generell gesprochen: Welche menschlichen Fähigkeiten fördern die Bereitschaft, Ressourcen freiwillig zu schonen und damit zu einer Milderung des Problems der Allmendegüter beizutragen?

3-3 Drogenrepression: Scheinlösung mit Bumerang

Problemstellung

1919 führte Amerika die Prohibition ein, um die negativen Folgen von Alkohol einzudämmen. Der Alkoholkonsum sank infolge der Prohibition nachweislich. Die negativen Folgen waren allerdings beträchtlich:[1]

- Die illegale Produktion und Verbreitung von Alkohol breitete sich rasch aus. Allein in New York stieg die Anzahl der illegalen Kneipen von 1922 bis 1927 von rund 5000 auf 30 000.
- Das Ziel, die Kriminalität zu senken, wurde nicht erreicht. Die landesweit rund 2300 nur gering entlohnten Prohibitionsagenten waren nicht in der Lage, das Verbot vollständig durchzusetzen. In den Folgejahren entwickelte sich das illegale Geschäft sehr zügig, da die Nachfrage nach Alkohol nicht zurückging. Allein von 1920 bis 1921 stieg die Kriminalität um 24 Prozent an. Auch über die ganzen 1920er Jahre nahm die Kriminalität stark zu:
  - 13 % mehr schwere Verbrechen,
  - 81 % mehr Fälle von Trunkenheit am Steuer (wobei hier allerdings der gleichzeitige Anstieg der Zahl der überhaupt vorhandenen Autos berücksichtigt werden muss),
  - 9 % mehr andere Delikte.

1 Quelle: de.wikipedia.org/wiki/Prohibition_in_den_Vereinigten_Staaten

- Die verheerendsten Folgen der Prohibition waren im Hinblick auf den Anstieg der Kriminalität insbesondere bei der organisierten Kriminalität zu beobachten. Kriminelle wie Al Capone in Chicago beispielsweise bauten sich regelrecht eine eigene komplette Alkoholindustrie auf, da das Verbot es ermöglichte, vielfach höhere Preise für Alkohol zu verlangen.

1933 wurde die Prohibition wieder abgeschafft. Die Einsicht hatte sich durchgesetzt, dass ein Verbot keine echte Lösung im Umgang mit Alkohol darstellt. Die unerwarteten Konsequenzen machten die Untauglichkeit deutlich.

Albert Einstein sagte einmal: «Mach die Dinge so einfach wie möglich – aber nicht einfacher.» Der Bumerang zeigt auf, wenn eine Lösung ein Schnellschuss war. Scheinlösungen mit Bumerang begegnen uns in vielen Lebensbereichen. Beispiele sind: ein Serviceabbau bei Kostendruck; mehr Strassenbau bei Staus; Doping im Sport; ein Kleinkredit bei einem Liquiditätsengpass; eine Crash-Diät bei Übergewicht; ein tieferer Mehrwertsteuersatz für die gebeutelte Hotellerie; der Bau von Tiefwasserbrunnen, um die Wasserversorgung im Sahel zu verbessern; die Ansiedelung von riesigen Aga-Kröten in Australien zur Bekämpfung einer Käferplage; Geld drucken zur Finanzierung von Haushaltsdefiziten; der US-Krieg gegen den Terrorismus[1] (mit Aktionen wie die Einrichtung des Gefangenenlagers Guantanamo); Donald Trumps «wunderschöne» Mauer zur Sicherung der Grenze zu Mexiko. Die vielen Beispiele zeigen, dass es im Leben geradezu von Schnellschüssen wimmelt.[2] Insbesondere im operativen Management gehören «Quick Fixes» zu den häufigsten Mustern. Machertypen setzen sie bevorzugt ein (dann haben sie immer etwas zu tun und können sich und der Welt die eigene Unverzichtbarkeit beweisen).

Komplexe Probleme können nur mit komplexen Massnahmen gelöst werden. Es gibt in aller Regel kein einfaches Patentrezept – auch wenn dies immer wieder einzelne Regierungschefs, Manager oder politische Parteien so sehen und ihre Botschaften in ihrer dogmatischen Schlichtheit durchaus erfolgreich verkaufen können. Wenn sich im Instrumentenkoffer nur ein Hammer findet, gerät die Welt schnell zum Schauplatz vieler Nägel. Und so wird munter drauflos gehämmert.

Am schwierigsten werden Lösungen, wenn gegensätzliche Weltanschauungen aufeinanderprallen. Die Drogenpolitik ist so eine verflixte Zone. Wer (wie die SVP oder die US-Drogendoktrin) primär auf

---

1 Präsident George W. Bush sagte am 20. September 2001 vor dem Kongress: «Unser Krieg gegen den Terror beginnt mit Al-Qaida, aber er endet nicht dort. Er wird nicht enden, bis jede terroristische Gruppe von globaler Reichweite gefunden, gestoppt und geschlagen ist.»

2 Peter Senge bezeichnet sie denn auch als einen der wichtigsten Systemarchetypen.

Drogenabstinenz[1] setzt, hat es schwer. Konsequenz ist, dass der Repression eine zentrale Rolle zukommt. Das nachfolgende Beispiel zeigt die Konsequenzen der Drogenrepression auf.

Informationsgrundlage

Mit einem Feedbackdiagramm lassen sich die beschränkten Erfolgsaussichten von repressiven Massnahmen in einem Drogenmarkt sehr gut aufzeigen.

Ein anfänglicher Repressionserfolg führt in der mittleren Frist dazu, dass einerseits wegen gestiegenen Gewinnaussichten der Drogennachschub nicht unterbrochen werden kann (bzw. sogar noch zunehmen dürfte) und andererseits das grössere Risiko der Drogendealer zu kleineren Handelsmengen und einer grösseren Händlerzahl führt. Insgesamt führt eine Repressionsstrategie angebotsseitig nicht nur zu mehr Dealern und Drogen, sondern meist auch zu grösserem Drogenelend (Beschaffungskriminalität, Desintegration, Verwahrlosung) auf der Nachfrageseite. Die Repression und ihre Folgen erzeugen höhere direkte und indirekte gesellschaftliche Kosten, während in der Regel nur eine bescheidene Effektivität resultiert. Diese Auswirkungen verschärfen das Drogenproblem und rufen oft wieder nach mehr Repression, getreu dem Motto «More of the same»: Die Therapie war zwar nicht erfolgreich, dafür wird jetzt die Dosis erhöht.

Für die Wirkungslosigkeit der Repressionspolitik gibt es einige Belege. Ein 2005 von der britischen Regierung nur teilweise veröffentlichter Geheimbericht erklärt beispielsweise den «Anti-Drogen-Krieg» für gescheitert.[2] Der über Guardian Unlimited an die Öffentlichkeit gelangte Bericht kommt zu folgenden Ergebnissen:

- Die Repression harter Drogen durch Polizei und Gerichte hat kaum einen Effekt auf die Drogenproduktion. Ebenfalls konnten keine Hinweise darauf gefunden werden, dass eine Bekämpfung des Drogenangebots irgendeine positive Auswirkung auf die Beschaffungskriminalität hätte. Der Report berichtet, dass eine Angebotsreduktion, wenn sie denn signifikant wäre, letztlich nur die Preise steigen liesse mit der Folge, dass die Drogenkriminalität noch zunimmt, da die Süchtigen mehr für ihre Drogen zahlen müssen und den Drogenbaronen höhere Profite winken.

---

1 Quelle: SVP-Pressecommuniqué vom 2.6.2006: «Wir brauchen ein neues Drogen-Bekämpfungskonzept, welches auf Drogenabstinenz aufbaut, rigoros gegen den wuchernden Drogenhandel, die Drogenmafia und damit verbundene Missbräuche des Asylgesetzes ankämpft und nicht zuletzt die Süchtigen zum Ausstieg bringt.»

2 Quelle: de.wikinews.org/wiki/Gro%C3%9Fbritannien:_Geheimbericht_erkl%C3%A4rt_Anti-Drogen-Krieg_f%C3%BCr_gescheitert.
Ebenfalls eindrücklich zeigt die Drogenproblematik der 2001 mit vier Oscars gekrönte Film «Traffic» von Steven Soderbergh auf (mit Michael Douglas, Catherine Zeta-Jones und Benicio Del Toro).

- Gerade diese, durch die Repression erst erzeugten, hohen Gewinnspannen versetzen den Drogenhandel in die Lage, Verluste durch Repression problemlos zu verkraften. Die Studie konstatiert, dass «trotz Interventionen an jedem Punkt der Versorgungskette der Konsum harter Drogen noch angestiegen ist, die Preise gefallen sind und die Drogen weiterhin die Konsumenten erreicht haben».
- Das Drogengeschäft sei gewaltig, hochflexibel und sehr anpassungsfähig. Die Bekämpfung von Verteilern und Grosshändlern koste viele Ressourcen. Festgenommene Strassendealer werden rasch durch neue ersetzt. Trotzdem könnten in der Summe dem Drogenmarkt nur kleine Drogenmengen entzogen werden. Die Bemühungen, die Drogenproduktion in Entwicklungsländern wie zum Beispiel Afghanistan zu stoppen, erscheinen düster und peinlich. Forscher kommen zum Schluss, dass «wirkungsvolle Bemühungen zur Vernichtung von Kokafeldern in Kolumbien dazu geführt haben, dass Getreidefelder in Peru und Bolivien zunehmend zu Kokafeldern umfunktioniert wurden».
- Die Kosten der Kriminalität in Zusammenhang mit Crack und Heroin werden von den Wissenschaftlern auf 16 Milliarden Pfund geschätzt, wenn die Schäden im Gesundheits- und Sozialwesen miteingerechnet werden, sogar auf 24 Milliarden Pfund. Auch einige andere interessante Zahlen werden präsentiert: So gibt es mehr als 3 Millionen Menschen in Grossbritannien, die jedes Jahr illegale Drogen nehmen. Daraus resultieren 749 Heroin- oder Methadon-Tote pro Jahr, vergleichsweise wenig gegenüber 6000 Toten durch Alkohol und 100 000 Toten durch Tabak. 674 Menschen würden wegen psychischen Problemen im Zusammenhang mit der meistgebrauchten illegalen Droge Cannabis behandelt, demgegenüber 3480 bei Heroin.

2011 vertrat die Weltkommission für die Drogenpolitik (Global Commission on Drug Policy) die Ansicht, dass der vorherrschende Ansatz in den Vereinigten Staaten, der die internationale Drogenpolitik beeinflusst, gescheitert sei. Statt Verbot und Repression empfiehlt die Kommission eine «Reglementierung der Drogen, welche die Macht des organisierten Verbrechens bricht und die Gesundheit und Sicherheit der Bürger schützt». In einem 2016 erschienenen Bericht[1] argumentierte die Weltkommission gar, «dass für die Aufrechterhaltung der Menschenwürde und Rechtsstaatlichkeit der Besitz von kleinen Mengen und/oder der Konsum überhaupt nicht bestraft werden darf».

1 Quelle: Weltkommission für Drogenpolitik (2016). Drogenpolitikreform: ein neues Verständnis von Entkriminalisierung. Abgerufen unter http://www.globalcommissionondrugs.org/wp-content/uploads/2016/11/GCDP-Report-2016_GER.pdf

Wirkungsdiagramm Die im Text ausgeführten Zusammenhänge sind in zwei Netzwerken aufgezeichnet. Das erste zeigt die Scheinlösung mit anfänglichem Repressionserfolg, das zweite den Bumerang in Form von vielen Nebenwirkungen, welche das ursprüngliche Problem verschärfen.

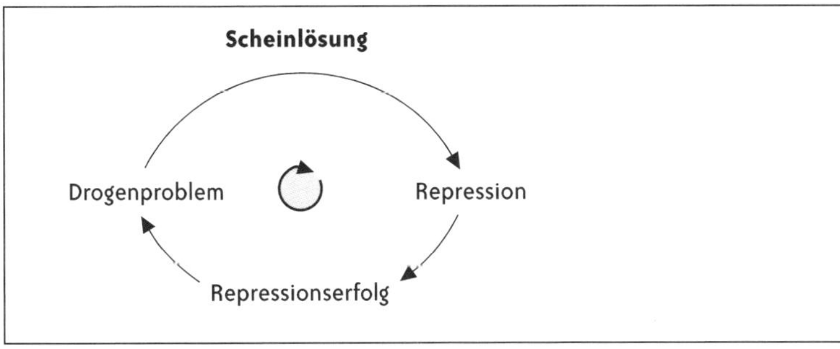

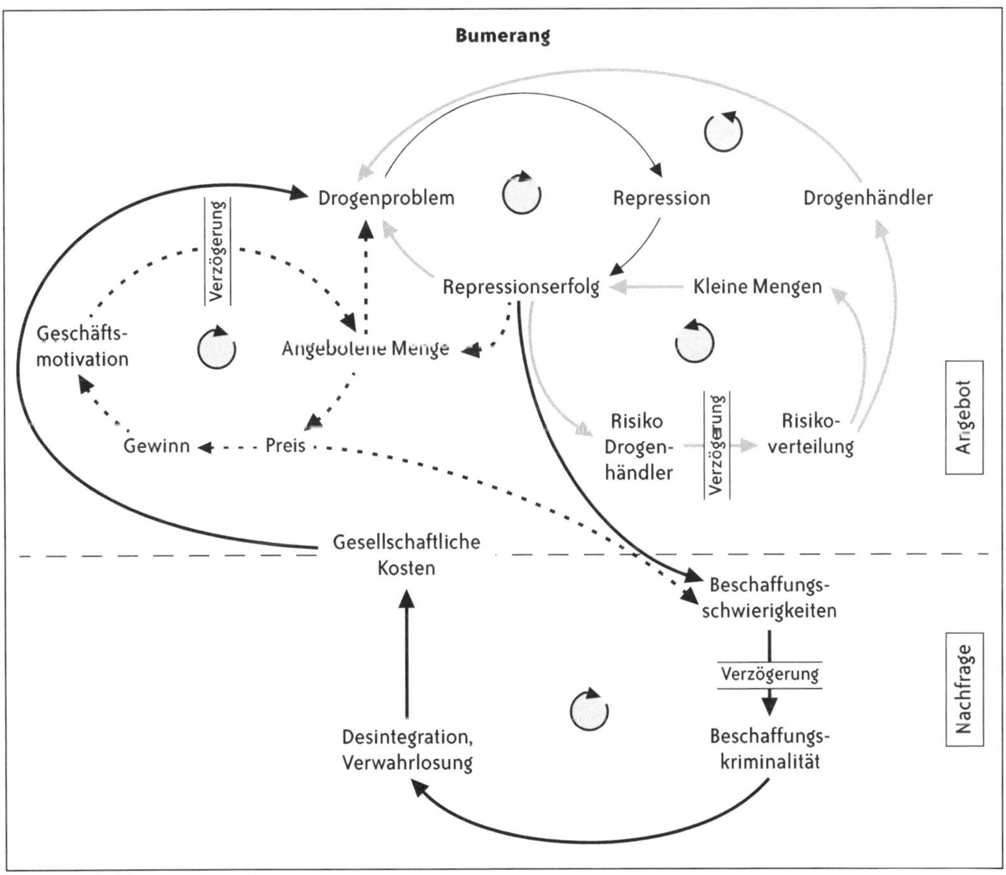

Aufgaben

(a) Markieren Sie im Netzwerk jene Pfeile mit einem Minuszeichen, welche einen negativen Wirkungszusammenhang darstellen. Zeichnen Sie in allen Kreisläufen ein, ob es sich um Motoren oder Stabilisatoren handelt.

(b) Bezeichnen Sie im Netzwerk jeweils die zwei bis drei wichtigsten Grössen wie folgt:
- Markieren Sie Rahmenbedingungen mit einem Rechteck.
- Unterstreichen Sie Indikatoren.
- Umrunden Sie Hebel mit einem Oval.

(c) Erklären Sie anhand der Indikatoren im Modell den Bumerangeffekt mit eigenen Worten: Welche mittelfristigen Auswirkungen hat ein kurzfristiger Repressionserfolg?

(d) Was ist die wahrscheinliche Folge, wenn ein Staat wie die USA über Jahre primär auf eine Repressionsstrategie setzt? Zeichnen Sie ein xy-Diagramm, welches den Umfang der Repression im Zeitablauf zeigt, und ziehen Sie ein Fazit.

(e) Im Modell erhöht ein höherer Preis den Gewinn der Drogenhändler. Zeichnen Sie die Angebotsverknappung in einem Preis-Mengen-Diagramm ein und erklären Sie den Mechanismus.

(f) Was ist üblicherweise die Folge, wenn Güter wie Drogen oder Alkohol, die für viele Menschen offensichtlich wichtig sind, verboten werden? Wo werden diese Güter danach gehandelt und welches sind die Konsequenzen?

(g) Grundsätzlich gesprochen: Warum ist eine Lösung im Drogenproblem so schwierig? Skizzieren Sie zwei grundlegende Gegebenheiten.

(h) Die offizielle Schweizer Drogenpolitik ist bemerkenswert erfolgreich. Beschreiben Sie kurz das zugrunde liegende Konzept. Welches ist der Hauptgrund für den Erfolg?

(i) Welche weiteren Beispiele für Scheinlösungen mit Bumerangeffekten lassen sich finden?

(j) Generell gesprochen: Was braucht es, um eine Schnellschuss-Spirale aufzubrechen? Warum gelingt dies oft nicht, insbesondere nicht, wenn starke politische Überzeugungen im Spiel sind?

3-4 Inflation: Ursachen und Bekämpfung

Problemstellung Eine Fee erscheint einem Mann und sagt: «Glücklicher! Du hast drei Wünsche frei!» Der Mann kann es kaum fassen und stammelt mit immer leuchtenderen Augen: «Erstens Geld! Zweitens noch mehr Geld! Drittens noch viel, viel mehr Geld!» Worauf die Fee trocken entgegnet: «Du Trottel – da hast Du die Inflation.»

Der nachfolgende Artikel von André Kühnlenz erschien in der «Finanz und Wirtschaft» vom 30. Juli 2022.

Der nächste Inflationsschock im Euroraum

Vor allem Lebensmittel und Dienstleistungen treiben die Teuerung im Juli. Dabei zeichnet sich ab, dass die Energieinflation bald wieder zunehmen wird.

Die Teuerungsraten der Eurozone lassen auch im Sommer Signale vermissen, die auf eine Entspannung hindeuten. Das zeigen die vorläufigen Zahlen des Statistikamts Eurostat. Die leicht gesunkenen Preise für Energie machen sich dabei bislang kaum bemerkbar, sie werden durch den stärkeren Preisdruck bei Dienstleistungen und vor allem Nahrungsmitteln mehr als ausgeglichen. Die Ökonomen der Commerzbank bewerten die Daten als den «nächsten Inflationsschock». Mit den Julizahlen rückt die jüngste Prognose der Europäischen Zentralbank (EZB), wonach die Inflation im dritten Quartal dieses Jahres durchschnittlich 7,3% betragen wird, noch weiter in die Ferne, wie die Fachleute beim Beratungsdienst Capital Economics schreiben. Insgesamt sind in der Eurozone die Verbraucherpreise im Juli im Vergleich zum Vorjahresmonat um 8,9% gestiegen, im Juni lag die Inflationsrate noch bei 8,6%.

Zinserhöhungen in Sicht

Dies setzt die EZB-Notenbanker weiter unter Druck, auch Anfang September die Leitzinsen kräftig anzuheben. Zuletzt haben sie die Zinsen um 0,5 Prozentpunkte erhöht. Die Schweizerische Nationalbank (SNB) folgt zwei Wochen nach der EZB, am 22. September, sodass sie auf die Entscheidung in Frankfurt reagieren kann. Aktuell lässt sich aus Terminkontrakten eine Zinserhöhung der SNB von 0,5 Prozentpunkten auf 0,25% ablesen. Beim Leitzins von 0,75% zur Jahreswende dürfte aber Schluss sein, ab Frühjahr nehmen Anleger bereits wieder sinkende Zinsen vorweg.

Die Lebensmittelteuerung in der Eurozone hat sich im Juli kräftig beschleunigt, von 8,9 auf 9,8%. Der Anstieg der Kernrate (ohne Energie und Lebensmittel) dürfte die EZB-Währungshüter noch mehr beunruhigen: Der Preisanstieg für Dienstleistungen nahm von 3,4 auf 3,7% zu. Aber auch bei Industriegütern ohne Energie legt die Rate zu: von 4,3 auf 4,5%.

Die Inflationsrate werde den Hochpunkt wohl frühestens im Herbst erreichen, schreibt Christoph Weil von der Commerzbank. «Denn angesichts des andauernden Krieges in der Ukraine dürften die Energiepreise bis auf weiteres hoch bleiben. Gleichzeitig wird das Warenangebot durch die andauernden Material- und Lieferengpässe beschränkt.» Die Verteuerung der Produktion gäben die Unternehmen inzwischen in immer grösserem Umfang an die Verbraucher weiter. […]

1 Inflation im Euroraum

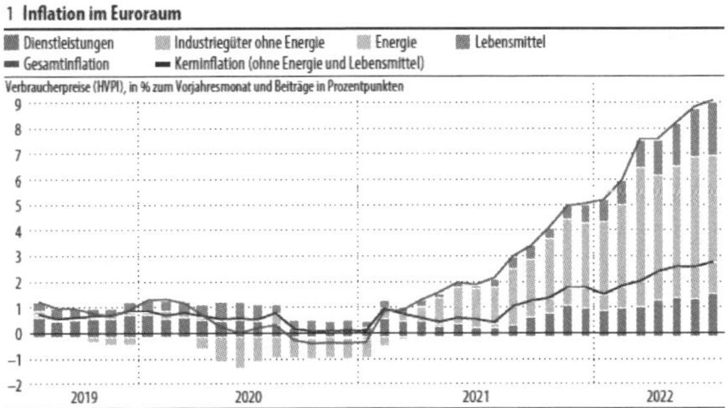

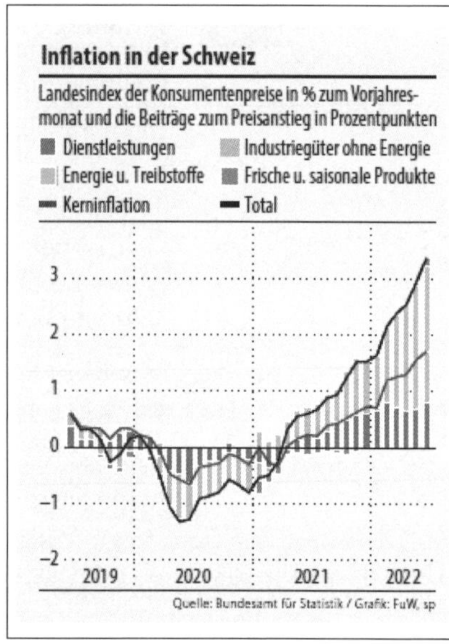

Auch die «NZZ am Sonntag» vom 19. Juni 2022 titelte: «Der Ölpreis steigt, die Teuerung, die Zinsen, und auch die Nervosität».

Dank Goethe wissen wir es eigentlich seit unserer Schulzeit: «Die ich rief, die Geister, werd ich nun nicht los.» In der Hoffnung, dass nach Jahren ziemlich stabiler Preise und niedriger Zinsen aktive Inflationsbekämpfung ein Phänomen der Vergangenheit sei, haben die Finanz- und die Geldpolitik in den USA und in Europa den inflationären Kräften zu lange freien Lauf gelassen. Diese Kräfte stellen ihr Unwesen nun nicht einfach so wieder ein. Das zeigt, in welche Schwierigkeiten man gerät, wenn man sich erst einmal in einem Umfeld hoher Inflation bewegt. Die Erwartungen passen sich an; der Preisauftrieb verselbständigt sich.

Was ist so schlimm an einer Inflation? Sie ist die Diva unter den ökonomischen Phänomenen, ätherisch, flüchtig, wandelbar und elegant. Weil sie so virtuell ist, kann man sie nicht greifen, und die Folgen – sofern man sich nicht die brachiale Domina-Variante der Hyperinflation angelacht hat – sind unspektakulär und kaum spürbar. Erst mit der Zeit werden die Konsequenzen der Verführung erkennbar: Benachteiligung der Gläubiger, ungerechte Umverteilung von Einkommen und Vermögen, Verzerrung der Preissignale und ineffiziente Allokation der Ressourcen. Dass sie sich so leicht herbeiführen lässt, macht sie in den Augen der notorisch grössten Schulder, der Staaten, besonders verlockend: Manch geplagter Regierungschef in Europa, den USA und Japan wird in seinen dunklen Nächten, wenn ihn wieder einmal das Schreckgespenst der Verschuldenskrise um den Schlaf brachte, von den süssen Verheissungen der Inflation geträumt haben: Nur mal eben zwanzig Jahre mit moderater Inflation, 5 % würden doch schon reichen, und die Schuldenquote sähe auf einmal wieder ganz passabel aus …[1]

1 Lange Zeit gehörte es zu den heiligen Dogmen der Ökonomenzunft, Inflation sei schlecht und müsse deshalb rigide im Zaum gehalten werden. 2010 brachte allerdings der IWF-Chefökonom Olivier Blanchard die Idee ein, die akzeptable Obergrenze auf 4 % zu erhöhen. Kenneth Rogoff schlug schon mal 6 % vor, wenn auch nur temporär. Und auch Nobelpreisträger Paul Krugman votiert für die Akzeptanz höherer Inflationsraten.

«Die einzige Form der Besteuerung, die man ohne jegliche Legislative bewältigen kann, ist die Inflation», hat Nobelpreisträger Milton Friedman einmal gesagt. Deshalb ist es auch so wichtig, dass Notenbanken unabhängig vom Staat sind. Die Versuchung ist sonst zu gross.

Doch aktuell ist es so: Die Inflation ist zurück. Haben die Notenbanken, als die Party in Fahrt gekommen ist, den Alkohol zu spät vom Tisch genommen? Agieren sie zu zögerlich in der Bekämpfung? Nicht umsonst heisst es: Wer mit der Inflation flirtet, wird von ihr geheiratet! Die Navigation der Geldpolitik ist alles andere als einfach: Mehrere Hindernisse stellen sich in den Weg, und die Zeitverzögerungen sind beträchtlich. Es ist wie mit der Steuerung eines Supertankers, der bereits einige Kilometer vor dem Ziel gebremst werden muss, damit er anschliessend nicht die Hafenmauer rammt.

Der folgende Text zeigt die Ursachen der Inflation auf und gibt Anhaltspunkte für die jeweiligen Bekämpfungsmassnahmen.

Informationsgrundlage

Preissteigerungen können grundsätzlich auf drei Ursachen zurückgeführt werden: Entweder wurden die Geldschleusen zu weit geöffnet (monetaristische Inflation), oder angebotsseitig werden höhere Produktionskosten (Löhne, Steuern, Rohstoffe) bzw. Gewinnmargen auf die Konsumenten überwälzt, was sich in Preiserhöhungen niederschlägt (Angebots-Inflation). Die dritte Möglichkeit mutet in der heutigen Ära chronischer Nachfrageschwäche schon fast nostalgisch an: In Zeiten der Hochkonjunktur (insbesondere nach dem Krieg) wurden Preiserhöhungen auch schon durch einen Nachfrageüberschuss nach Gütern und Dienstleistungen ausgelöst. Nimmt der private oder staatliche Konsum, die Investitionsnachfrage oder die Nachfrage des Auslands markant zu, kann dies einen Preisschub auslösen. Was in Europa zuletzt in den 1960er Jahren passierte, ist allerdings in Schwellenländern wie China, Brasilien oder Russland durchaus Realität und kann nennenswerte Inflationswirkungen entfalten.

In den industrialisierten Ländern sind die ersten beiden Varianten die dominierenden. Angebotsseitig können Preissteigerungen entstehen, weil beispielsweise die Löhne stärker als die Produktivität steigen und die Produktionskosten zunehmen. Gelingt es, diese auf die Konsumenten zu überwälzen und sind die Löhne indexiert, entsteht eine Lohn-Preis-Spirale. Sind die Preissteigerungen kostenbedingt (z.B. höhere Rohstoffpreise, höhere Steuern und Gebühren) oder weil die Produzenten eine höhere Marge verlangen können, kann sich eine Preis-Lohn-Spirale in Gang setzen. Liegt der Ursprung für die Preiserhöhungen bei teurer werdenden Importen, wird dies als importierte Inflation bezeichnet.

Auch wenn die angebotsseitige Teuerung durchaus eine lästige Inflationsspirale verursachen kann, wird diese weder besonders lang andauern noch werden die Preiserhöhung exorbitant ausfallen. Sehr hohe und nachhaltige Inflation ist grundsätzlich monetärer Natur, wurde also durch eine zu expansive Geldpolitik verursacht. Via tiefe Zinsen und einen schwachen Frankenkurs werden Inlands- und Auslandsnachfrage stimuliert, und der Anstieg der Güternachfrage schlägt sich in einer Erhöhung des allgemeinen Preisniveaus nieder. Ist die Ausdehnung der Geldmenge exzessiv, überhitzt sich die Wirtschaft, und mit der Zeit steigen nur noch die Preise. In diesem Falle spricht man von Hyperinflation.

Wirkungsdiagramm[1] Die im Text dargestellten Zusammenhänge sind im folgenden Netzwerk aufgezeichnet.

Abkürzungen: GP SNB = Geldpolitik der SNB, LIK = Landesindex der Konsumentenpreise (Inflationsmessgrösse)

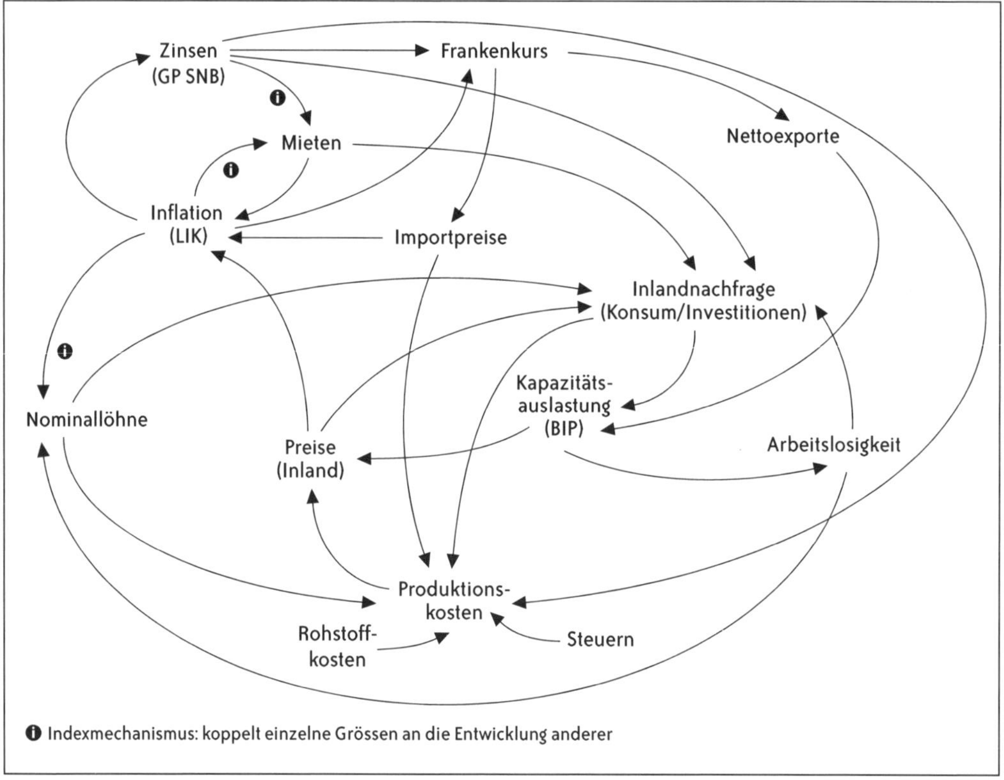

Aufgaben

(a) Markieren Sie im Netzwerk jene Pfeile mit einem (–), welche einen negativen Wirkungszusammenhang darstellen.

(b) Markieren Sie im Netzwerk mit blauem Leuchtstift jene Pfeile, welche die Ursache sowie die Wirkungsweise der keynesianischen Nachfrage-Inflation aufzeigen. Rahmen Sie die für die Bekämpfung

1 Als Grundlage diente ein Netzwerk aus Peter Eisenhut, Aktuelle Volkswirtschaftslehre, Zürich: Rüegger Verlag. Dieses wurde von Patrik Waibel ausgebaut.

zentrale Hebelgrösse ebenfalls mit demselben Leuchtstift ein und erklären Sie, wie dies geschieht.

(c) Markieren Sie im nachfolgenden Netzwerk mit gelbem oder orangem Leuchtstift jene Pfeile, welche die Ursache sowie die Wirkungsweise der monetaristischen Inflation aufzeigen. Rahmen Sie die für die Bekämpfung zentrale Hebelgrösse ebenfalls mit demselben Leuchtstift ein und erklären Sie, wie dies geschieht. Zeichnen Sie ein, ob der Kreislauf einen Motor oder einen Stabilisator darstellt.

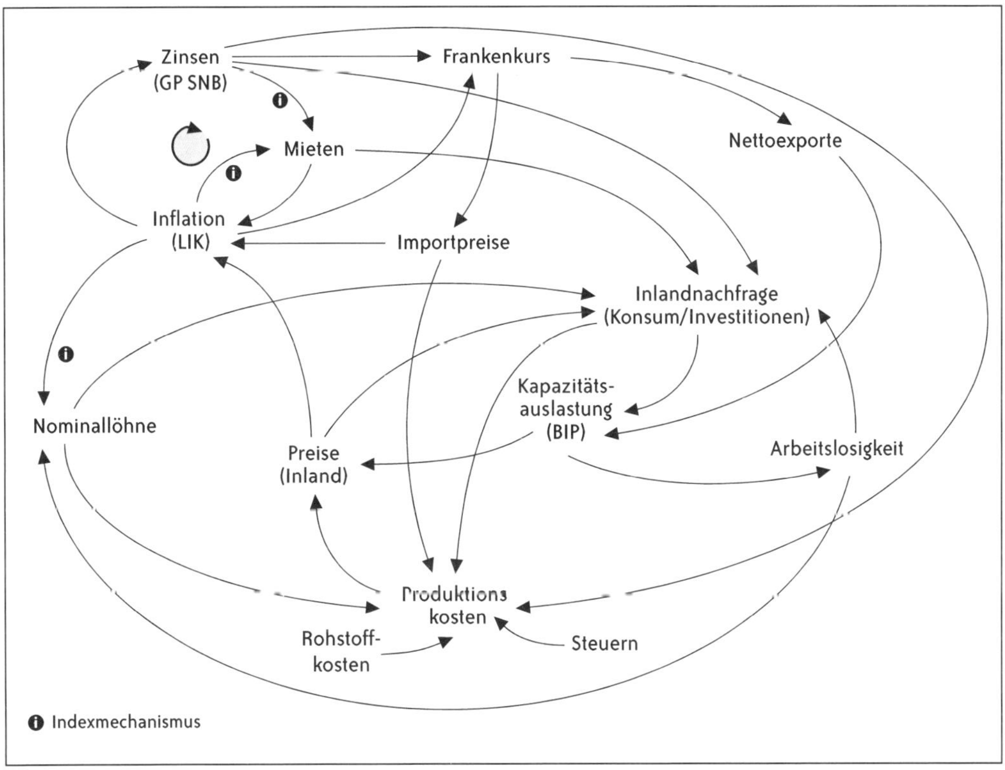

(d) Erklären Sie den eingezeichneten Indexmechanismus bei den Mieten. Was ist das Problem daran, wenn man monetaristische Inflation bekämpfen will?

(e) Ein weiteres Problem für den Wirkungsmechanismus restriktiver Geldpolitik stellen regulierte Preise dar. Erklären Sie.

(f) Markieren Sie im nachfolgenden Netzwerk mit grünem Leuchtstift jene Pfeile, welche die Ursache sowie die Wirkungsweise der Angebots-Inflation aufzeigen. Rahmen Sie die für die Bekämpfung zentrale Hebelgrösse ebenfalls mit demselben Leuchtstift ein und erklären Sie, wie dies geschieht. Zeichnen Sie ein, ob der Kreislauf einen Motor oder einen Stabilisator darstellt.

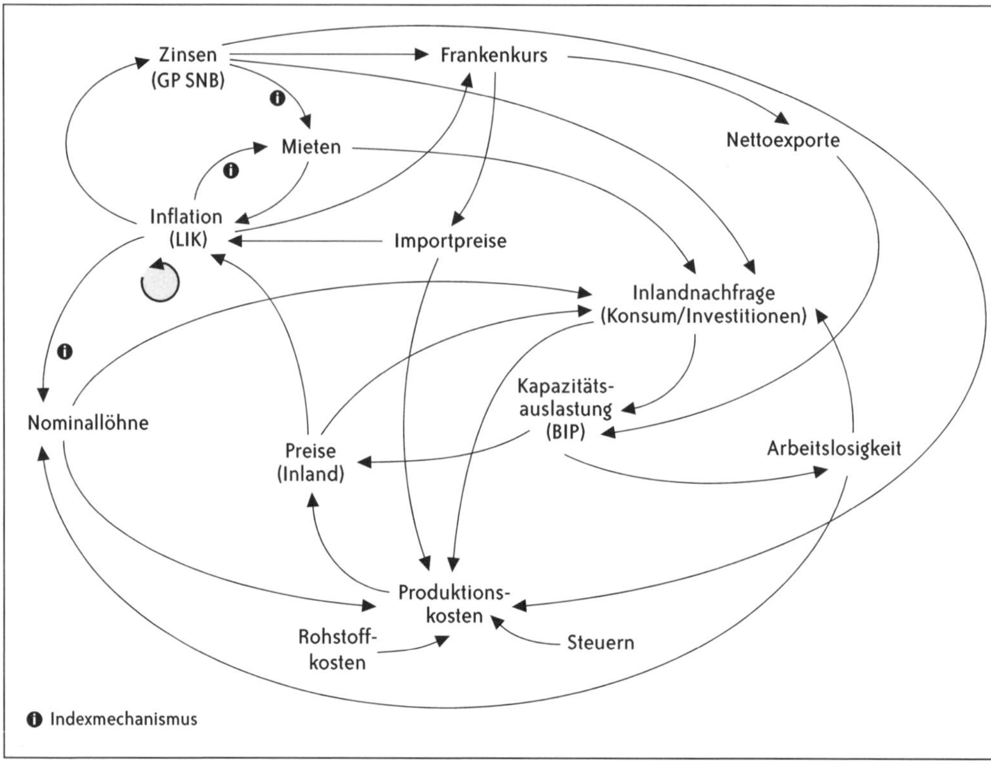

(g) Erklären Sie den eingezeichneten Indexmechanismus bei den Löhnen und Preisen und erläutern Sie die beiden möglichen Varianten. Was ist das Problem daran?

(h) Eine Variante der Angebotsinflation ist die importierte Inflation. Welche importierten Güter haben in der Schweiz schon spürbar die Teuerung angeheizt?

(i) Eine moderate Inflation von 2 bis 3% scheint auf den ersten Blick kaum ein riesiges volkswirtschaftliches Problem zu sein. Dennoch hat man den Eindruck, Notenbanken, Börsen und Wirtschaft litten unter einer Inflations-Paranoia: Warum starren alle auf die Inflationsprognosen wie das Kaninchen auf die Schlange? Erläutern Sie.

(j) Ordnen Sie abschliessend die obigen Daten zur aktuellen Inflation ein. Um welche Variante der Inflation handelt es sich? Mit welchen Mitteln sollte diese also bekämpft werden?

(k) Ziehen Sie ein abschliessendes Fazit. Welche Art der Inflation ist die bedrohlichste?

3-5 Nationalbank: Transmission der Geldpolitik

Problemstellung

Wenn es heute noch Superstars in der Politik gibt, sind das nicht mehr wie früher berühmte Regierungschefs. Reagan, Gorbatschow, Clinton – ihre Nachfolger lassen den einstigen Glanz vermissen. Zudem werden sie von Männern und Frauen in den Schatten gestellt, die eigentlich das Rampenlicht überhaupt nicht suchen, sondern vielmehr gewohnt sind, im Stillen zu agieren. Aber: Je kritischer die Schuldenkrise, höher die Inflationsrate, je mehr es im Währungsgebälk knirscht, desto eher richten sich die Scheinwerfer auf die Notenbankchefs Jerome Powell, Christine Lagarde und Thomas Jordan. Offensichtlich sind sie heute die «Masters of the Universe», die mit ihren Entscheidungen einen weitreichenden Einfluss auf das Geschehen in der Weltwirtschaft haben. Seit der Wirtschafts-, Schulden-, Euro- und Coronakrise kommen die Notenbanken nicht mehr aus den Schlagzeilen. Im Sommer 2022 hatte denn auch die Inflation ihr Comeback und alle Welt fragt sich: Bekommen die Notenbanken die Situation wieder in den Griff?

Nachfolgend wird dargestellt, auf welchen Wegen die Schweizerische Nationalbank (SNB) die Entscheide ihrer Geldpolitik in die Wirtschaft transportiert.

Informationsgrundlage[1]

Die Bundesverfassung beauftragt die Nationalbank als unabhängige Institution, im Gesamtinteresse des Landes die Geld- und Währungspolitik zu führen (Art. 99 BV). Der Auftrag wird im Nationalbankgesetz (Art. 5 Abs. 1) präzisiert. Dieses betraut die Nationalbank mit der Aufgabe, die Preisstabilität zu gewährleisten und dabei der konjunkturellen Entwicklung Rechnung zu tragen. Die Nationalbank muss somit allfällige Zielkonflikte zwischen Preisstabilität und Konjunkturentwicklung im Gesamtinteresse des Landes bestmöglich lösen, wobei die Preisstabilität Vorrang hat. Preisstabilität ist eine wesentliche Voraussetzung für Wachstum und Wohlstand. Inflation und Deflation beeinträchtigen dagegen die Entwicklung der Wirtschaft. Sie erschweren die Entscheide von Konsumenten und Produzenten, verursachen Fehler beim Einsatz von Arbeit und Kapital, führen zu Umverteilungen von Einkommen und Vermögen und benachteiligen die Schwächeren. Mit ihrem Streben nach Preisstabilität schafft die Nationalbank Rahmenbedingungen, die es der Wirtschaft ermöglichen, ihr Produktionspotenzial voll auszuschöpfen.

1 Quellen: http://www.snb.ch/de/iabout/monpol/id/monpol_strat/2
https://www.snb.ch/de/iabout/monpol/id/monpol_instr
Mächler & Moser (2020). Umsetzung der Geldpolitik: Wie Zinsen auch im negativen Bereich gesteuert werden können. (Referat vom 5.11.2020.) Zürich: Schweizerische Nationalbank.

Das geldpolitische Konzept der Nationalbank

Das geldpolitische Konzept der Nationalbank, das seit dem Jahr 2000 in Kraft ist, beruht auf drei Elementen: einem Inflationsziel, einer mittelfristigen Inflationsprognose und dem SNB-Leitzins.

1. *Inflationsziel*
   Die Nationalbank setzt Preisstabilität mit einem Anstieg des Landesindexes der Konsumentenpreise (LIK) von weniger als 2 % pro Jahr gleich. So trägt sie der Tatsache Rechnung, dass nicht jeder Preisanstieg zwangsläufig inflationär ist und die Teuerung nicht vollkommen präzise gemessen werden kann. Das Ziel der Nationalbank ist es demnach, die Inflation unter dem Wert von 2 % zu halten.

2. *Inflationsprognose*
   Die Nationalbank prüft regelmässig, ob ihre Geldpolitik geeignet ist, das Ziel der Preisstabilität zu erreichen. Dazu veröffentlicht sie vierteljährlich eine Inflationsprognose für die kommenden drei Jahre, was ungefähr dem Zeitbedarf für die Übertragung geldpolitischer Impulse auf die Wirtschaft entspricht. So lange kann es also dauern, bis die geldpolitische Weichenstellung in der Wirtschaft Wirkung zeigt. Mit der Publikation einer langfristigen Prognose nimmt die Nationalbank eine vorausschauende Haltung ein, damit sie frühzeitig auf Inflations- und Deflationsgefahren reagieren kann. Die von der Nationalbank veröffentlichte Inflationsprognose beruht auf einem Szenario der künftigen Konjunkturentwicklung und schliesst zentrale Entwicklungen des Arbeitsmarkts, der Wechselkurse, Geldmengen und Zinsen mit ein. Wenn die prognostizierte Inflation ausserhalb des Bereichs der Preisstabilität zu liegen kommt, kann eine Anpassung der Geldpolitik nötig sein. Droht die Inflation dauerhaft über 2 % zu steigen, wird die Nationalbank demnach eine Straffung ihrer Geldpolitik ins Auge fassen. Umgekehrt wird sie eine Lockerung vorsehen, wenn sich eine Deflation (negative Inflationsrate) abzeichnet.

3. *SNB-Leitzins*
   Zur Umsetzung ihrer Geldpolitik legt die Nationalbank den SNB-Leitzins fest. Dabei strebt sie an, dass die kurzfristigen besicherten Geldmarktzinssätze in Franken (SARON) nahe am SNB-Leitzins liegen. Der SARON (Swiss Average Rate Overnight) ist ein besicherter Tagesgeldzins und basiert auf dem liquidesten Segment am Frankengeldmarkt. Er beruht auf abgeschlossenen Transaktionen und handelbaren Preisstellungen am Interbanken-Kreditmarkt. Der SARON ist heute der aussagekräftigste Zins unter den kurzfristigen Geldmarktsätzen und dient für Finanzprodukte wie Geldmarkthypotheken oder variabel verzinsliche Anleihen als Referenzzinssatz. Da er ein Interbankensatz ist, kann die SNB ihn nicht direkt beeinflussen, sondern nur indirekt über den SNB-Leitzins und ihre Geldpolitik. Der SNB-

Leitzins beeinflusst also das Zinsniveau, welches zusammen mit dem Wechselkurs die monetären Bedingungen bestimmt. Senkt die SNB den SNB-Leitzins, wird die Geldpolitik expansiver. Erhöht Sie ihn, wird sie restriktiver.

Das geldpolitische Instrumentarium der Nationalbank und seine Umsetzung

Zur Steuerung der monetären Bedingungen steht der Nationalbank eine Reihe von Instrumenten zur Verfügung. Diese beinhalten unter anderem Repo-Geschäfte, Devisenkäufe und die Festlegung eines Zinses auf die Sichtguthaben von Banken und anderen Finanzmarktteilnehmern bei der SNB. Seit der Einführung des geldpolitischen Konzepts im Jahr 2000 hat die SNB unterschiedlichen Gebrauch von diesen Instrumenten gemacht. Dabei lassen sich grob drei Phasen unterscheiden:

1. *Repogeschäfte (2000–2011)*
   Von 2000 bis 2011 hat die Nationalbank ihre Geldpolitik primär über spezielle Offenmarktgeschäfte, sogenannte Repo-Geschäfte, abgewickelt. In dieser Zeit herrschte in den Bankensystemen vieler Länder, die Schweiz eingeschlossen, ein Liquiditätsdefizit, d.h. die Banken hatten knapp Liquidität und mussten sich laufend bei der SNB über Repogeschäfte refinanzieren. Die SNB steuerte die Geldmarktzinsen über die Konditionen und den Umfang ihrer täglichen Geldmarktoperationen (Repogeschäfte). Zur täglichen Steuerung von Geldmenge und Reposatz kaufte die Nationalbank von den Geschäftsbanken Wertschriften und schrieb den Gegenwert auf deren Girokonten bei der Nationalbank gut. Beim täglichen Repogeschäft verpflichten sich die Geschäftsbanken, diese Wertschriften zu einem späteren Zeitpunkt (ein Tag bis wenige Monate) zurückzukaufen. Für die Dauer des Geschäfts erhalten die Geschäftsbanken einen gedeckten Frankenkredit, für den sie einen Zins bezahlen (Repo-Zins). Die durch Repogeschäfte zur Verfügung gestellte Liquidität stellt das Kreditschöpfungspotenzial der Banken dar: Ist sie grösser, können die Geschäftsbanken mehr Kredite vergeben, ist sie kleiner, weniger.
   Wenn die Nationalbank aufgrund einer tiefen Inflationsprognose die kurzfristigen Zinsen senken wollte, vergab sie mehr Frankenkredite zu einem tieferen Reposatz. Sie hoffte dann mit ihrer expansiven Geldpolitik darauf, dass die Geschäftsbanken es ihr gleichtun und ebenfalls mehr Kredite zu tieferen Marktzinssätzen weitergeben und damit die Wirtschaft ankurbeln würden. Befürchtete die Nationalbank aufgrund ihrer Prognose Inflation, reduzierte sie die täglich ausgegebene Geldmenge und erhöhte gleichzeitig den Reposatz. Solch restriktive Geldpolitik mit knapperen Giroguthaben signalisiert den Banken, zurückhaltend in der Kreditvergabe zu sein und höhere Marktzinssätze zu verlangen.

2. *Devisengeschäfte (2011–2015)*
Die geldpolitische Situation änderte sich mit der globalen Finanzkrise 2008. Die Zentralbanken vieler Länder reagierten auf die Krise mit einem Absenken der Leitzinsen und später mit Wertschriftenkaufprogrammen («Quantitative Easing») oder – wie die SNB – mit Devisenmarktinterventionen, um den Wechselkurs des Schweizer Frankens zu schwächen. Angesichts der Bedeutung des Aussenwerts des Frankens für die schweizerische Volkswirtschaft und Inflation intervenierte die SNB am Devisenmarkt, um der Aufwertung des Schweizer Frankens entgegenzutreten. Von September 2011 bis Januar 2015 hatte die SNB ihre Geldpolitik dann primär über die Wechselkurs-Untergrenze von CHF 1.20 je Euro durchgesetzt. Die SNB kündigte an, bei den Geschäftsbanken so viel Euros zu kaufen, wie nötig ist, um diese Grenze zu verteidigen. Im Bankensystemen der Schweiz entstand daher ein Liquiditätsüberschuss. Die Devisenkäufe der Nationalbank liessen die Banken in Liquidität schwimmen und es gab daher kaum mehr einen Grund, Liquidität am Interbankengeldmarkt auszutauschen oder Repogeschäfte bei der SNB zu tätigen. Durch die Einführung des Euro-Mindestkurses hat damit die SNB auch die Phase beendet, in der ihre Geldpolitik primär auf Repos basierte, und den Fokus der Geldpolitik auf den Devisenmarkt verlagert.

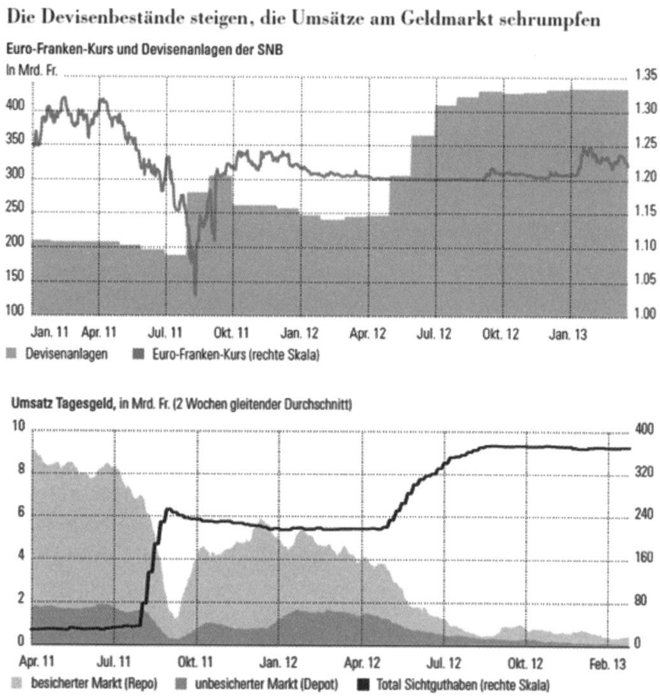

Quelle: NZZ vom 24.4.2013

3. *Verzinsung von Sichtguthaben (seit 2015)*
   Seit 2015 ist die Verzinsung von Sichtguthaben, welche die Banken bei der SNB halten, zum primären Instrument der Schweizer Geldpolitik geworden. Herrscht in einem Bankensystem ein Liquiditätsüberschuss, ist die Notenbankgeldmenge für das Finden des Gleichgewichts am Geldmarkt nicht mehr die entscheidende Grösse. Stattdessen spielt die Verzinsung der Sichtguthaben, die Geschäftsbanken bei der Zentralbank halten, eine Schlüsselrolle. Seit Januar 2015 nutzt die SNB daher die Verzinsung der Sichtguthaben der Geschäftsbanken als Hauptinstrument für die Umsetzung ihrer Geldpolitik. Von Januar 2015 bis September 2022 erhob die Nationalbank einen Negativzins auf Sichtguthaben, die Banken und andere Finanzmarktteilnehmer bei ihr hielten, und beeinflusste so das Zinsniveau am Geldmarkt. Hauptziel dieser Intervention war es, mit –0,75 % weiterhin ein tieferes Zinsniveau als jenes im Euroraum zu haben (–0,5 %). Damit sollte die Attraktivität des Schweizer Frankens für Anleger gesenkt, der Aufwertungsdruck auf den Schweizer Franken gebremst und damit auch das deflationäre Potenzial gebannt werden. Dieses neue Instrument markierte auch das Ende des Euro-Mindestkurses.
   Doch welchen Einfluss hat die Verzinsung der Sichtguthaben auf den SARON und die Marktzinsen? Je tiefer dieser Negativzins ist, desto grösster ist das Angebot an Interbankenkrediten, da die Banken dem Negativzins ausweichen wollen. Banken haben dabei keinen Anreiz, Liquidität zu einem Zinssatz abzugeben, der unter dem Zinssatz auf Sichtguthaben liegt. Und weil reichlich Liquidität im System vorhanden ist, haben Banken kaum Grund, zusätzliche Liquidität entgegenzunehmen, falls der Marktzinssatz über dem Zinssatz auf Sichtguthaben liegt. Deshalb liegt in einer Situation mit reichlicher Liquidität der Marktzins generell nahe an der Verzinsung der Sichtguthaben, die Banken bei der Zentralbank halten. Dies zeigt die untenstehende Abbildung.

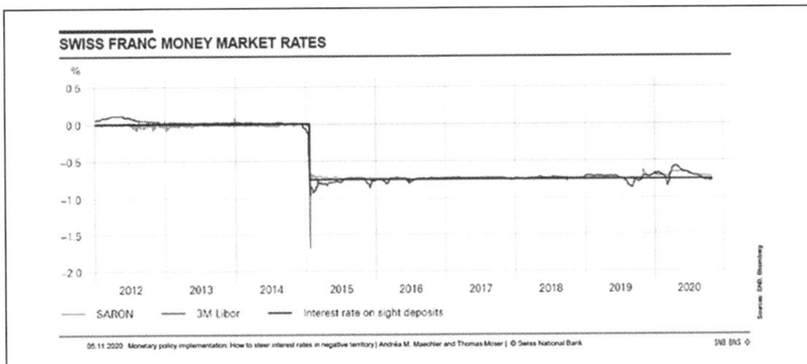

Seit Frühling 2022 ist die Inflation zurück: Die Inflationsrate erreichte im Mai 2022 2,9 %. Die Nationalbank straffte daher in ihrer geldpolitischen Lagebeurteilung vom 16. Juni 2022 ihre Geldpolitik erstmals wieder. Mit einer weiteren Straffung im September 2022 erreicht dann der SNB-Leitzins und auch die Verzinsung der Sichtguthaben erstmals wieder den positiven Bereich. Mit diesen Zinserhöhungen soll die Nachfrage gebremst und damit der inflationäre Druck reduziert werden. Zudem stellt sich die SNB einer nominalen Aufwertung des Schweizer Frankens nicht mehr entgegen, da eine solche die Importpreise drückt und damit ebenfalls den inflationären Druck reduziert.

Wirkungsdiagramm Die im Text dargestellten Zusammenhänge sind im folgenden Netzwerk aufgezeichnet.

Abkürzungen: GB = Geschäftsbanken, SARON = Swiss Average Rate Overnight (Zinsen für Interbankkredite, früher mit dem LIBOR gemessen)

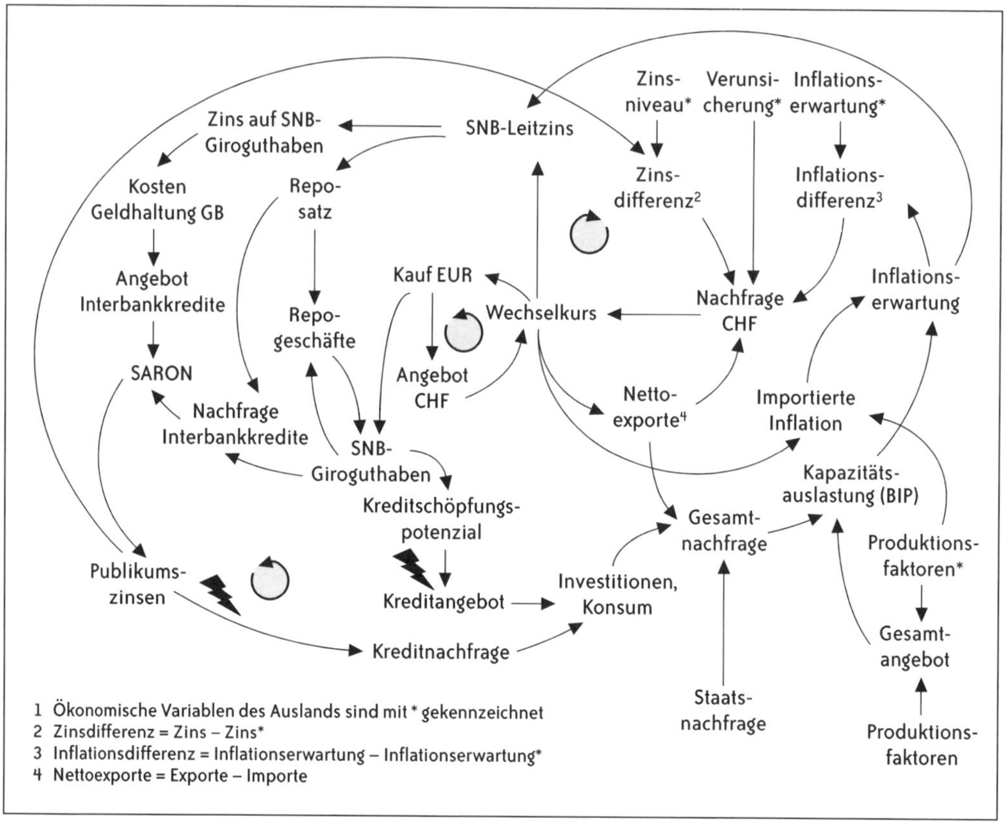

Aufgaben (a) Konzentrieren wir uns vorerst auf die erste oben beschriebene Phase: Geldpolitik via Repogeschäfte (2000–2011). Markieren Sie im Netzwerk den von der SNB in dieser Phase betätigen Hebel und den vollständigen Feedback-Kreislauf mit blauer Farbe.

(b) Markieren Sie nun im blauen Kreislauf jene Pfeile mit einem (–), welche einen negativen Wirkungszusammenhang darstellen. Zeichnen Sie ein, ob die Feedbackschlaufe einen Motor oder einen Stabilisator darstellt. Bezeichnen Sie die wichtigsten Grössen aus Sicht der SNB: Umrahmen Sie Rahmenbedingungen mit einem eckigen Rahmen, unterstreichen Sie Indikatoren und umrunden Sie Hebel mit einem Oval.

(c) Erklären Sie für den Fall, dass die Nationalbank mit einer Verletzung des Inflationsziels rechnet, in eigenen Worten die Wirkungskette «Inflationserwartungen», «SNB-Leitzins» via «Reposatz» auf die «Publikumszinsen». Zeichnen Sie dann ein xy-Diagramm, welches die Inflationserwartungen in Abhängigkeit von der Zeit abbildet. Ziehen Sie ein Fazit.

(d) Im Netzwerk sind zwei Zusammenhänge mit einem Blitz markiert. Die Blitze signalisieren, dass diese Beziehungen beim Vorliegen einer expansiven Geldpolitik keine Automatismen darstellen und unter Umständen nicht wie erwarten wirken. Erklären Sie die beiden eingezeichneten Hindernisse. In diesem Zusammenhang wird mit Blick auf eine expansive Geldpolitik der Nationalbank oft der Spruch bemüht: «Man kann die Pferde nur zur Tränke führen, saufen müssen sie schon selbst.» Ein weiterer Spruch besagt: «Man kann mit einem Seil gut ziehen, aber schlecht stossen.» Erklären Sie, was mit diesen beiden Sprüchen gemeint ist.

(e) Wenden wir uns nun der zweiten Phase zu: Geldpolitik via Devisengeschäfte (2011–2015). Aufgrund der Verunsicherung durch die Schuldenkrise im Euro-Raum erstarkte im Herbst 2011 der Schweizer Franken massiv. Die SNB begann, bei den Geschäftsbanken Euros zu kaufen, und führte schliesslich im September 2011 den Euro-Mindestkurs ein. Markieren Sie im Netzwerk den von der SNB betätigten Hebel und den vollständigen Feedback-Kreislauf mit gelber Farbe.

(f) Markieren Sie nun im gelben Kreislauf jene Pfeile mit einem (–), welche einen negativen Wirkungszusammenhang darstellen. Zeichnen Sie ein, ob die Feedbackschlaufe einen Motor oder einen Stabilisator darstellt. Bezeichnen Sie die wichtigsten Grössen aus Sicht der SNB: Umrahmen Sie Rahmenbedingungen mit einem eckigen Rahmen, unterstreichen Sie Indikatoren und umrunden Sie Hebel mit einem Oval.

(g) Erklären Sie aufgrund des Netzwerks, mit welchem Hebel die SNB den Mindestkurs umgesetzt hat und über welche Mechanismen dieser gewirkt hat. Worin liegt der Unterschied in Bezug auf die geldpolitische Wirkung, ob die SNB «nur» Euros kauft, um den Schweizer Franken zu schwächen, oder ob sie dies mit einem offiziellen Wechselkursziel und der Botschaft, dass sie dies, koste es, was es wolle, verteidige («whatever it takes»)?

(h) Erläutern Sie, warum der Schweizer Franken in Krisenzeiten oft als «sicherer Hafen» für ausländische Anleger dient. Was sind die ökonomischen Gründe dafür?

(i) Erläutern Sie, welchen unerwünschten Nebeneffekt der Mindestkurs hatte.

(j) Kommen wir nun zur dritten Phase: Geldpolitik via Verzinsung der Sichtguthaben (seit 2015). Im Januar 2015 hob die SNB den Euro-Mindestkurs auf und führte eine Negativverzinsung der SNB-Giroguthaben von –0,75 % ein. Zumindest inoffiziell zielte der Negativzins darauf ab, in der Schweiz weiterhin ein tieferes Zinsniveau als im Euro-Raum zu haben (welches zu diesem Zeitpunkt bei –0,5 % lag), um eine weitere Erstarkung des Schweizer Frankens zu vermeiden. Markieren Sie im Netzwerk den von der SNB betätigten Hebel und den vollständigen Feedback-Kreislauf mit grüner Farbe.

(k) Markieren Sie nun im grünen Kreislauf jene Pfeile mit einem (–), welche einen negativen Wirkungszusammenhang darstellen. Zeichnen Sie ein, ob die Feedbackschlaufe einen Motor oder einen Stabilisator darstellt. Bezeichnen Sie die wichtigsten Grössen aus Sicht der SNB: Umrahmen Sie Rahmenbedingungen mit einem eckigen Rahmen, unterstreichen Sie Indikatoren und umrunden Sie Hebel mit einem Oval.

(l) Erklären Sie aufgrund des Netzwerks, welchen Hebel die SNB hier betätigt hat und wie dieser das Publikumszinsniveau tatsächlich senken konnte.

(m) Seit dem Frühjahr 2022 ist die Inflationsbekämpfung weltweit wieder ins Zentrum gerückt. Die USA, der Euroraum sowie auch Grossbritannien wiesen im Sommer 2022 Teuerungsraten (um 9 %) auf, die man längst nur noch aus den Geschichtsbüchern kannte. In der Schweiz fiel die Teuerung ebenfalls hoch, im Vergleich aber moderat aus (3,4 %). In der Folge zogen die Fed, die SNB und auch die EZB die Zinsschraube an. Erklären Sie, welche Wirkung die Inflationsdifferenz zum Ausland für die monetären Bedingungen der Schweiz hat.

(n) Warum hat die SNB so lange zugewartet mit der Erhöhung der Zinsen zur Bekämpfung der Inflation? Oder: Wo liegt der Haken bei der Inflationsbekämpfung in dieser Situation? Was hat das «geldpolitische Trilemma» damit zu tun? Und warum nimmt die SNB nun im Rahmen der Inflationsbekämpfung die Aufwertung des Frankens plötzlich in Kauf?

(o) Studieren Sie die aktuelle Lagebeurteilung der Nationalbank[1] (Medienmitteilung) und erklären Sie die Zusammenhänge sowie die momentane Geldpolitik anhand des Netzwerks.

---

1 Vierteljährliche geldpolitische Lagebeurteilungen: https://www.snb.ch/de/iabout/monpol/id/monpol_current

3-6 Schlendrian in der EU-Haushaltspolitik: Abrutschende Ziele

Problemstellung

In einem unserer Lieblings-Comics erwischt der Wikingerchef Hägar seine Mannschaft beim Zechen am Morgen. Er ermahnt die Truppe: «Männer, ihr kennt die Regel: Kein Alkohol, bevor nicht die Sonne über dem Mast steht.» Im nächsten Bild sieht man, wie der Mast kurzerhand abgehackt wurde. Hägar prüft den Sonnenstand und meint: «Ich glaube, das kann man gelten lassen.»

Im von Peter Senge beschriebenen systemischen Archetyp des «abrutschenden Ziels» lässt sich eine Kluft zwischen Ziel und der heutigen Realität durch eine Korrekturmassnahme oder durch die Anpassung des Ziels schliessen. Immer wenn eine Lücke zwischen den Zielen und der gegenwärtigen Situation klafft, entstehen zwei Formen von Druck: der Druck, die Situation zu verbessern, und der Druck, die Ziele herunterzuschrauben. Der kritische Unterschied besteht darin, dass eine Zieländerung die Kluft unmittelbar zu schliessen vermag, während die Korrekturmassnahme länger dauert, mehr Aufwand bedeutet und im Ergebnis unsicher ist. Solange die Möglichkeit besteht, werden oft lieber Zielmarken gesenkt als Anstrengungen gesteigert, das Ziel doch noch zu erreichen.

Dieses Muster ist ziemlich verbreitet. Gesellschaften höhlen ihre Ziele in heimlichem Einverständnis unablässig aus. Was genau besagt das Ziel der «Vollbeschäftigung»? In Nachkriegs-Deutschland wurde in den Zeiten des Wirtschaftswunders und des Arbeitskräftemangels noch die Ein-Prozent-Marke als Grenze zur Vollbeschäftigung betrachtet. Nach dem Ende der 1950er Jahre galt Vollbeschäftigung bei einer Arbeitslosenquote von zwei Prozent als prinzipiell erreicht. Seit den 1990er Jahren werden mehrheitlich Marken von 4, 5 oder gar 6% als Massstab genommen. In den USA rutschte das staatliche Ziel der Vollbeschäftigung von 4% in den 1960er Jahren auf 6 bis 7% in den frühen Achtzigern. Offensichtlich sind die Amerikaner inzwischen bereit, 50 bis 75% mehr Arbeitslosigkeit als ihre Vorfahren zu akzeptieren.

1994 hat das Schweizervolk die Alpeninitiative angenommen. 2011 durften gemäss Güterverkehrsgesetz maximal eine Million Lastwagen die Alpen durchqueren. Der Wert wurde bereits im September erreicht. Ende des Jahres musste der Bundesrat konstatieren, dass er keine Möglichkeit sieht, das Verlagerungsziel zu erreichen. Erst im Jahr 2019 wurde das Ziel von 2011 – weniger als eine Million Lastwagen pro Jahr – erreicht. Wie das im Gesetz formulierte Ziel von maximal 650 000 Fahrten pro Jahr erreicht werden kann, ist aber immer noch unklar.

Die Zielaushöhlungsdynamik lässt sich auch im betrieblichen Umfeld finden. Qualitätsziele, Innovationsziele, Projektziele, Ziele der individuellen Förderung oder Organisationsentwicklung: Alle laufen Gefahr, in den Widrigkeiten des Alltags gesenkt zu werden oder gar ganz unter den Tisch zu fallen. Das tägliche Business ist dermassen komplex und die Budgets so knapp, dass man fast überall verständnisvolles Kopfnicken erntet, wenn die Ambitionen etwas zurückgenommen werden. Und schliesslich ist der Weg ja das Ziel …

Das generische Muster der abrutschenden Ziele wird nachfolgend am Beispiel der EU-Haushaltspolitik konkretisiert.

Informationsgrundlage[1]

Die EU formulierte in den 1990er Jahren mit Blick auf die geplante Euro-Währungsunion sogenannte Konvergenzkriterien (oft auch Maastricht-Kriterien genannt), welche die Kandidaten zu erfüllen hatten. Das zweite Kriterium, die Haushaltsstabilität, orientierte sich an zwei Unterkriterien, die beide prozentual zum nationalen Bruttoinlandprodukt berechnet werden: Zum einen durfte das jährliche öffentliche Defizit (Nettoneuverschuldung) nicht mehr als 3% des Bruttoinlandprodukts betragen, zum anderen der öffentliche Schuldenstand insgesamt nicht mehr als 60% des Bruttoinlandprodukts ausmachen. Das Kriterium der Haushaltsstabilität galt im Rahmen des Stabilitäts- und Wachstumspakts auch nach der Einführung des Euro weiter. Ziel des Paktes ist die Förderung von Stabilität und Wachstum im Euro-Raum. Das Regelwerk soll dabei insbesondere verhindern, dass durch ein übermässiges Verschuldungsverhalten der Euro-Länder die Inflation steigt, sich der finanzielle Handlungsspielraum der Länder verringert sowie insgesamt Unsicherheit entsteht.

Das Kriterium der Haushaltsstabilität ist formal nicht nur für die Teilnehmer der Währungsunion, sondern für alle EU-Mitgliedstaaten verpflichtend. Die Einhaltung des Haushalts- bzw. Defizitkriteriums im Rahmen des Stabilitäts- und Wachstumspakts ist in Art. 126 EU-Vertrag geregelt. Demnach wird jährlich von der Europäischen Kommission (die Regierung der EU) überprüft, ob die Mitgliedstaaten die beiden Unterkriterien (Defizit von maximal 3%, Schuldenstand von maximal 60% des BIP) erfüllen. Hierfür übermitteln die Staaten ihre Haushaltsdaten in Form der Volkswirtschaftlichen Gesamtrechnung an die Europäische Kommission. Ein deutlicher Schwachpunkt sind hierbei allerdings die Gestaltungsspielräume, die durch die enge Abgrenzung des Sektors Staat im EU-System entstehen. Die Kommission erstellt danach einen Bericht anhand der übermittelten Daten.

Falls das Haushaltsdefizit eines Mitgliedstaates die Marke von drei Prozent des BIP zu überschreiten droht, kann die Europäische Kommission eine «Frühwarnung» («Blauer Brief») erlassen. Falls das Haushaltsdefizit tatsächlich drei Prozent überschreitet, startet die Europäische Kommission ein «Verfahren wegen übermässigen Defizits». In einer ersten Stufe müssen die betroffenen Länder einen Plan vorlegen, wie sie das Defizit abzubauen gedenken. Halten sie diesen Plan nicht ein, können Sanktionen verhängt werden. Die wichtigsten sind:

---

1 Quellen: de.wikipedia.org/wiki/EU-Konvergenzkriterien sowie de.wikipedia.org/wiki/Stabilit%C3%A4ts-_und_Wachstumspakt

- Es können Geldstrafen von 0,2 bis zu 0,5 % des BIP des betroffenen Landes verhängt werden. (0,2 % Sockelbetrag und bis zu 0,3 % je nach Schwere des Vergehens zusätzlich.)
- Der EU-Ministerrat kann von defizitären Staaten verlangen, dass sie eine unverzinsliche Einlage in «angemessener Höhe» in Brüssel hinterlegen, bis das übermässige Defizit korrigiert ist.

Ausnahmen sieht der Stabilitätspakt nur vor, wenn ein aussergewöhnliches Ereignis wie zum Beispiel eine Naturkatastrophe auftritt oder sich das betroffene Land in einer schweren Wirtschaftskrise befindet. Eine solche definiert der Stabilitätspakt bei einem Rückgang des BIP um mindestens 0,75 %.

Obwohl Deutschland und Frankreich die Defizitgrenzen 2002 und 2003 überschritten, wurden die Verfahren vorübergehend ausgesetzt, da beide Länder versprachen, ihre Neuverschuldung 2005 unter die Drei-Prozent-Hürde zu drücken. Am 14. März 2006 beschlossen die EU-Finanzminister eine Verschärfung des Defizitverfahrens gegen Deutschland. 2006 konnte die Bundesrepublik entgegen den ursprünglichen Erwartungen den Stabilitätspakt einhalten. Die Europäische Union beendete am 5. Juni 2007 ihr seit 2003 laufendes Defizitverfahren gegen Deutschland. Die EU-Finanzminister reagierten damit darauf, dass die deutsche Neuverschuldung 2006 erstmals wieder im zulässigen Rahmen des Stabilitätspaktes lag, da sie sich auf 1,7 % des Bruttoinlandproduktes reduzierte. Die Verfahren gegen Malta und Griechenland wurden ebenfalls eingestellt.

In der Folge der weltweiten Finanzkrise verstiessen eine Vielzahl von Mitgliedstaaten gegen die Maastricht-Kriterien sowohl beim jährlichen Haushaltsdefizit als auch bei der Gesamtverschuldung. Im Februar 2009 kündigte die EU-Kommission die Einleitung von Defizitverfahren gegen die fünf Euro-Länder Frankreich, Spanien, Irland, Griechenland und Malta, sowie das Nicht-Euro-Land Lettland an. Auch das Nicht-Euro-Land Grossbritannien erfüllte die Vorgaben des Stabilitäts- und Wachstumspaktes nicht. Im Sommer 2009 wurden weitere Verfahren gegen Polen, Rumänien und Litauen aufgenommen sowie das Defizitverfahren gegen Ungarn verlängert. Im Oktober 2009 wurden weitere Defizitverfahren gegen Deutschland, Österreich, Belgien, Italien, die Niederlande, Portugal, die Slowakei, Slowenien und Tschechien eingeleitet. Somit hatten infolge der weltweiten Finanzkrise 20 der 27 EU-Mitgliedstaaten die Kriterien des Stabilitäts- und Wachstumspaktes nicht mehr erfüllt.

Insgesamt lässt sich zusammenfassen: Auch nach Einführung des Euro wurden die Kriterien des Stabilitäts- und Wachstumspakts in einigen Ländern (darunter auch der «Musterknabe» Deutschland) nicht immer eingehalten. Der Rat der Europäischen Union verzichtete jedoch jeweils darauf, Sanktionen zu verhängen. Aufgrund der Finanzkrise ab 2007 wurden die Kriterien Mitte 2010 überhaupt nur von Estland und

Schweden eingehalten; allerdings hatte auch die Europäische Kommission angekündigt, bei der Bewertung von Defiziten während dieser Ausnahmesituation grosszügig zu verfahren. Dieses lasche Vorgehen im Umgang mit Haushaltssündern verfehlte seine Wirkung nicht: Da die Staaten im Falle einer Abweichung von den festgeschriebenen Stabilitätskriterien (maximal 3 % Defizit und 60 % Verschuldung) offensichtlich keine wesentlichen Sanktionen zu befürchten hatten, verschwand der Druck, mittels Überschüssen den Haushalt wieder ins Lot zu bringen. Dies hätte bedeutet, die Staatseinnahmen zu erhöhen, zum Beispiel durch die Erhöhung der Arbeitsproduktivität mittels Verbesserung von Wettbewerbs-, Bildungs-, Innovations- und Forschungspolitik, wobei die positiven Effekte erst mittelfristig wirksam werden. Gleichzeitig müssten die Staatsausgaben gesenkt werden, zum Beispiel durch den Abbau von Arbeitslosenleistungen und Kündigungsschutz, die Erhöhung des Rentenalters oder die Verankerung einer Schuldenbremse. Politisch sind solche Einschnitte so unpopulär, dass sich kaum Mehrheiten finden lassen. Zudem benötigen auch sie Zeit, bis sie Wirkung erzeugen. Der Schlendrian in der Überwachung und Sanktionierung der Haushaltspolitik durch die EU-Exekutive sandte ein deutliches Signal an die Länder aus: Sündigt weiter ohne Reue! Die Länder liessen sich nicht zweimal bitten: Statt alle Anstrengungen in eine konsequente Haushaltspolitik zu legen, verabschiedeten sie sich faktisch von den Maastricht-Kriterien. Mit dem Segen der Kommission wurde die Zielsenkung (bzw. Zielaussetzung nach der Finanzkrise) zur neuen Norm. Warum sollte man sich auch anstrengen, wenn es unter stillschweigender Verabschiedung der ehemals ehernen Haushaltsziele viel einfacher ging?

Das Schleifenlassen der Zügel hat allerdings seinen Preis: Mit der Eskalation der Griechenlandkrise forderten immer mehr Experten ein Zurück zu den ursprünglichen Regeln. Es wurde argumentiert, dass der Euro-Währungsbund zur Genesung eine konsequente Verfolgung von Stabilitätszielen braucht und säumige Staaten mittels wirksamer Sanktionen auf den Pfad der Tugend zurückgebracht werden müssen. Am 15. März 2011 einigte sich die Euro-Gruppe auf eine Verschärfung des Stabilitätspakts, der höhere Strafen sowie eine Begründungspflicht für den Rat vorsieht, wenn er trotz eines Verstosses kein Sanktionsverfahren einleitet. Automatische Sanktionsmechanismen, die eine Vertragsänderung nötig gemacht hätten, wurden allerdings nicht eingeführt. Am 30. Januar 2012 wurde am EU-Gipfel der neue EU-Fiskalpakt beschlossen. Der Fiskalvertrag («SKS-Vertrag») ist per 1. Januar 2013 gültig: 17 EU-Staaten (13 Euro-Staaten) haben ihn bisher ratifiziert. Finanzielle Sanktionen sind seit 1. Januar 2014 möglich: Jene Staaten, deren Defizit (jährliche Neuverschuldung) und/oder deren Gesamtschuldenstand nicht den Kriterien entsprechen, haben ihre Haushalts- und Wirtschaftspartnerschaftsprogramme mit Massnahmen zum Abbau der Verschuldung der EU-Kommission und dem Europäischen Rat vorzulegen und von diesen genehmigen zu lassen. Mit dem Zusatzvertrag der Euro-Staaten soll den Finanzmärkten bewiesen werden, dass die Regierungen zur Sanierung der Staatsfinanzen entschlossen sind. Allerdings: Aktuell sind diese Papiere wieder Makulatur, die Regeln sind ausgesetzt, seit 2020 aufgrund der Corona-Pandemie, und sie bleiben es auch 2022 bis auf Weiteres aufgrund des Ukraine-Krieges.

Wirkungsdiagramm Die im Text besprochenen grundsätzlichen Zusammenhänge sind im folgenden Netzwerk dargestellt.

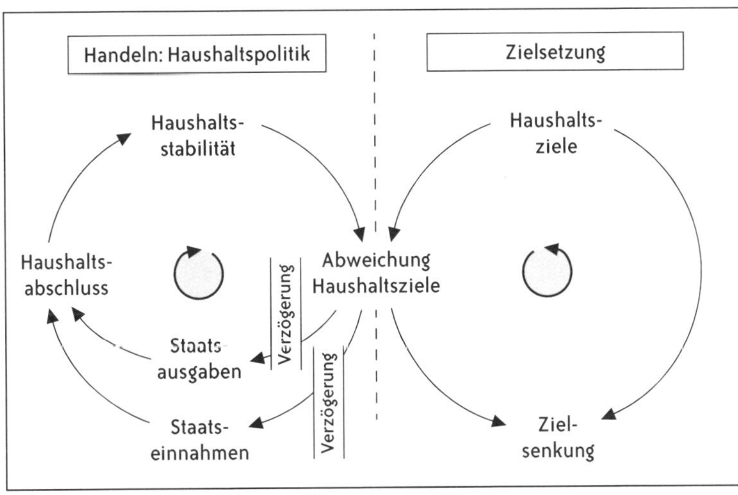

Aufgaben

(a) Markieren Sie im Netzwerk jene Pfeile mit einem Minuszeichen, welche einen negativen Wirkungszusammenhang darstellen.

(b) Um die Wirkungsweise des Archetypus «abrutschende Ziele» zu verstehen: Stellen Sie sich vor, ein Euro-Land würde feststellen, dass es Gefahr läuft, die Stabilitätskriterien zu verletzen (mit anderen Worten, dass eine Abweichung von den Haushaltszielen droht). Es hat nun zwei grundsätzliche Möglichkeiten: Als erste Möglichkeit kann es den Weg im Netzwerk nach links beschreiten, das heisst, über die konkrete Haushaltspolitik versuchen, mit harten Massnahmen Gegensteuer zu geben und das Ziel der Haushaltstabilität wieder zu erreichen. Erklären Sie mit eigenen Worten die dabei auftretenden zwei Kernprobleme. Wie einfach ist dieser Weg?

(c) Die zweite Möglichkeit besteht darin, den Weg nach rechts zu wählen. Erklären Sie mit eigenen Worten, wie diese Logik aussieht. Wie einfach ist dieser Weg?

(d) Inwiefern ist es entscheidend, ob der Weg der Verschuldung tatsächlich politische Konsequenzen hat? Wägen Sie das politische Kosten-Nutzen-Verhältnis der beiden Wege gegeneinander ab, sofern keine ernstzunehmenden Konsequenzen auf dem Weg nach rechts drohen.

(e) Angenommen, ein Land beschreitet den Pfad der Tugend nach links und setzt einschneidende Massnahmen in der Haushaltspolitik durch. Diese wirken sich mit der Zeit positiv aus und führen dazu, dass das Land die Stabilitätskriterien wiederum erfüllt. Es besteht also auch kein Anlass, die Ziele zu senken. Denken Sie den Weg weiter im linken Feedbackdiagramm: Was droht nun und warum?

(f) Zeichnen Sie ein xy-Diagramm, welches im Fall der EU die Grösse «(faktische) Haushaltsziele» in Abhängigkeit von der Zeit seit 2002 aufzeigt, und ziehen Sie ein Fazit.

(g) Politik ist ein Geschäft, in dem es verlockend ist, vieles zu versprechen und dann den «Quick Fix» einer öffentlichkeitswirksamen Scheinlösung zu suchen. Tatsächlich gehört auch zur Politik, weniger medienwirksame Investitions- und Entwicklungsarbeit zu leisten, um die wirtschaftliche Fitness eines Landes zu verbessern. Machen Sie einen Bezug zwischen dem Gelingen «guter» (im Sinne von nachhaltiger, verantwortungsbewusster, generationenübergreifender) Politik und dem Verantwortungsbewusstsein der Bürger. Wie schätzen Sie dies in der Schweiz im Vergleich zu anderen Ländern ein?

(h) Ein Problem der Sanktionen war bisher, dass diese nicht von der Europäischen Kommission (der Exekutive) verhängt werden konnten. Die Entscheidung musste letztlich vom Ministerrat (der Ländervertretung in der Legislative, quasi dem Pendant zum schweizerischen Ständerat) mit qualifizierter Mehrheit gebilligt werden (wobei das betroffene Land kein Stimmrecht hat). Das Problem wurde auch schon mit den Worten umschrieben: «Eine Krähe hackt der anderen kein Auge aus», und die Forderung lautet auf einen grösseren Automatismus bei den künftigen Sanktionsverfahren, damit diese nicht von politischen Entscheidungsträgern aufgeweicht und umgangen werden können. Wie liesse sich dieses Problem lösen?

(i) Welche weiteren Beispiele für den Systemarchetyp der abrutschenden Ziele kennen Sie?

(j) Stellen Sie im Umgang mit dem systemischen Problem der abrutschenden Ziele ein generelles Managementprinzip auf.

3-7 «Highway to Hellas»: Problemverschiebung zur Verschuldung

Problemstellung

Einige systemische Probleme entstehen, weil Menschen dazu neigen, Probleme lieber mit einem Schnellschuss zu bekämpfen, als das Übel an der Wurzel zu packen. Oft ist es gar nicht einfach, das Kernproblem zu identifizieren bzw. sich dieses einzugestehen. Im privaten Leben kennen wir verschiedene solche Herausforderungen. Menschen fühlen sich heute oft im Stress, vor allem wenn zur Berufsarbeit noch die Belastungen von Familie, Kindern, Hobbys und Gemeinschaftsarbeit dazukommen. Der Stress tritt auf, wenn die persönliche Arbeitsbelastung so gross wird, dass die vorhandenen Ressourcen für eine erfolgreiche Bewältigung nicht mehr ausreichen. Es gibt nur zwei wirkliche Lösungen: Entweder wird die Arbeitsbelastung vermindert, oder es gelingt, mehr Ressourcen bereitzustellen (was nicht einfach ist und in aller Regel Investitionen und Zeit voraussetzt). Die Belastung zu senken, bedeutet aber, nein zu sagen, zum Beispiel eine Beförderung abzulehnen, die eine verstärkte Reisetätigkeit erfordern würde, oder die Funktion als Behördenmitglied aufzugeben. Dies bedingt, Prioritäten zu setzen und Entscheide zu treffen, die unangenehm sind. Stattdessen sind wir häufig versucht, schneller zu jonglieren und die Belastung etwa durch Alkohol oder Drogen zu lindern. Natürlich kann der Alkohol das Problem der Überarbeitung nicht wirklich lösen, aber er verdeckt das Problem, weil er den Stress vorübergehend abbaut. Leider kehrt das Problem zurück und mit ihm der Alkohol.

Damit haben wir die Grundstruktur des Systemarchetyps der Problemverschiebung identifiziert: Ein tiefer liegendes Problem erzeugt auffällige Symptome, die nicht mehr zu ignorieren sind. Allerdings ist es schwierig, das Grundproblem in Angriff zu nehmen, weil die Ursachen unklar oder die Gegenmassnahmen unpopulär sind. Also schiebt man die Last des Problems auf andere Lösungen ab – gut gemeinte, schnelle Patentrezepte, die scheinbar effizient funktionieren. Leider mildert der Schnellschuss nur die Symptome und ändert nichts am Grundproblem. Das tiefer liegende Kernproblem wird unbemerkt schlimmer, weil die Symptome scheinbar abklingen und das System seine ursprünglich vorhandenen Problemlösefähigkeiten verliert.

Die Struktur der Problemverschiebung lauert hinter vielen Lösungen, die gut zu funktionieren scheinen. Oft besteht dennoch ein unbehagliches Gefühl, dass es damit nicht getan ist. Das Delegationsprinzip gehört heute beispielsweise zum Standardrepertoire eines modernen Managers. Die konsequente Umsetzung fällt allerdings vielen schwer. Das ursächliche Problem, das niemand zugeben kann oder will, lautet: mangelndes Vertrauen aufgrund eines negativen Menschenbilds. Und so kommt es, wie es kommen muss: Wenn die Sonne scheint, delegieren Führungskräfte in der Regel ohne Probleme an ihre Untergebenen, aber wenn es einmal stürmt, übernimmt der Kapitän lieber selber das Ruder. Kein engagierter Mitarbeiter will nur ein Schönwetterlenker sein. Drängt sich der Chef bei anspruchsvollen Situationen immer wieder vor, resignieren die Mitarbeitenden. Die besten verlassen das Unternehmen, bei den anderen verkümmern die eigenen Problemlösekompetenzen. Am Schluss hat sich die selbsterfüllende Prophezeiung bewahrheitet: Nur der Chef kann die richtig grossen Schwierigkeiten lösen …

Die Liste der Problemverschiebungen ist lang, weil die eigentlichen Ursachen nicht erkannt oder ausgeblendet werden. Beispiele sind: der tägliche Joint zum Stressabbau (Ursache: Überforderung; Nebenwirkung: Sucht); mehr Fernsehen für quengelnde Kinder (Ursache: mangelnde Zeit der Eltern; Nebenwirkung: Fernsehsucht, Übergewicht) oder Importzölle für Branchen, die Schutz vor dem mörderischen internationalen Wettbewerb fordern (Ursache: mangelnde Wettbewerbsfähigkeit; Nebenwirkung: Abschottung, Strukturerhalt).

Der Umgang mit Haushaltsdefiziten gehört ebenfalls in die gleiche systemische Kategorie. Das Thema ist so weit verbreitet, dass es sich lohnt, die Grundstruktur genauer unter die Lupe zu nehmen, um Erkenntnisse ableiten zu können.

Informationsgrundlage

Griechenland trat der Eurozone am 1. Januar 2001 bei. Die Staatsschuld Griechenlands lag schon beim Beitritt zur Währungsunion mit 100% deutlich über dem in den EU-Konvergenzkriterien vereinbarten Grenzwert von 60% des BIP. 2004 stellte Eurostat fest, dass die von Griechenland übermittelten statistischen Daten nicht stimmen konnten. Offensichtlich hatte das Statistische Amt Griechenlands die Daten falsch ausgewertet und die Behörden und Ministerien dem Amt gefälschte Daten geliefert. Ausserdem haben nach einem Bericht der New York Times vom Februar 2010 US-Banken wie Goldman Sachs und JP Morgan Griechenland seit 2000 dabei geholfen, das Ausmass seiner Staatsverschuldung zu verschleiern.

Die Euro-Einführung ohne tatsächliche Erfüllung der Maastricht-Kriterien hatte für Griechenland erhebliche Folgeerscheinungen. Bereits in den 1980er und 1990er Jahren war das Land mit Zahlungsschwierigkeiten konfrontiert. Damals konnten die sozialistischen Regierungen Zuflucht in der Abwertung der griechischen Drachme suchen. Billigere griechische Güter steigerten die Exporte, während sich die Importe verringerten. Damit wurde die internationale Wettbewerbsfähigkeit Griechenlands durch eine Verbilligung der Güter verbessert. Diese Möglichkeit bestand nach dem Beitritt zur Euro-Währungsunion nicht mehr. Eine zentrale Geldpolitik führt bei wirtschaftlicher Disziplinlosigkeit von Mitgliedern zu massiven Problemen. Die politischen Eliten Griechenlands ignorierten dies. Statt dringend notwendige Reformen umzusetzen und damit die Wettbewerbsfähigkeit der griechischen Wirtschaft zu verbessern, wurde die alte Politik des «Mehr desselben» fortgesetzt und Defizite weiterhin durch Kreditaufnahme gestopft.

Problemsymptom: Finanzbedarf durch fortwährende Haushaltsdefizite

Folgende Ursachen trugen seit 2002 zu den wachsenden Defiziten bei:[1]

Hohe Staatsausgaben:

- Überdurchschnittlich expansive Haushalts- und Wirtschaftspolitik: Nach der Einführung des Euro zum 1. Januar 2002 wurde eine expan-

1 Quelle: de.wikipedia.org/wiki/Griechische_Finanzkrise

sive Haushalts- und Wirtschaftspolitik betrieben, indem die Ausgaben weiter stiegen.

- Überdurchschnittliche Lohnerhöhungen: 2002 wurden die Löhne im privaten und öffentlichen Bereich um 12 bis 15 % erhöht. Schon in den 1980er Jahren war es den Gewerkschaften gelungen, über EU-Subventionen soziale Besitzstände in Griechenland zu schaffen, die nicht auf Produktivitätsfortschritten basierten. Mit der Erhöhung der Lohnstückkosten von circa 40 % seit 2002 sank die Wettbewerbsfähigkeit der griechischen Wirtschaft.
- Überdurchschnittlicher Konsum und unterdurchschnittliche Investitionen: Griechenland erhöhte seine Staatsschulden seit Einführung des Euro von 152 Milliarden Euro auf inzwischen mehr als das Doppelte. Obwohl Griechenland damit in neun Jahren zusätzliche schuldenfinanzierte Ausgaben in Höhe von mehr als 170 Milliarden Euro getätigt hatte, gingen die Investitionen seit der Euro-Einführung 2002 praktisch jedes Jahr gegenüber dem Wert vor dem Währungsbeitritt zurück. Dadurch, dass Griechenland mit den aufgenommenen Krediten keine zukunftsträchtigen Investitionen finanzierte, hat es sich um die Chance gebracht, die Schulden aus eigener Kraft zurückzuzahlen.
- Intransparenz der Staatsausgaben: Ungenügende Kontrollmechanismen bei Auftragsvergaben des Staates ermöglichten Korruption. Grosse intransparente Projekte wurden initiiert und teilweise realisiert. Gemäss Experten zahlt eine griechische Durchschnittsfamilie 1600 Euro Schmiergeld pro Jahr, denn ohne «Fakelaki» – den sogenannten kleinen Umschlag mit Geld – gehe gar nichts.
- Überdimensionierter und ineffizienter Staatsapparat: Traditionell verschaffen die jeweils Regierenden den Mitgliedern ihrer Partei Arbeitsplätze in der Verwaltung, wodurch der Staatsapparat personell aufgebläht und nicht nach Kompetenzen besetzt ist. Insgesamt sind bis zu 24 % aller Arbeitnehmer im öffentlichen Sektor beschäftigt. Ein häufig genanntes Beispiel für die Ineffizienz des griechischen Behördenapparates ist, dass in Tausenden Fällen Renten weitergezahlt wurden, obwohl die Empfänger verstorben waren («Phantomrentner»). Im November 2011 teilten die Behörden mit, dass es bislang vermutlich fast 21 000 Phantomrentner gibt.
- Hohe Militärausgaben: Wegen der Spannungen mit der Türkei sind diese bezogen auf das BIP grösser als die der anderen EU-Länder.

Geringe Staatseinnahmen:

- Steuersenkungen: Griechenland hatte in den Jahren vor der Krise einige Steuern gesenkt, was zu einer Verringerung der Einnahmenquote des Staates führte.
- Unbesteuerte Schattenwirtschaft: Griechenland lässt eine überdurchschnittlich grosse Schattenwirtschaft von geschätzten 20 bis 40 % des BIP zu und verliert damit jedes Jahr Steuereinnahmen zwischen

geschätzten 12 und 30 Milliarden Euro. Obwohl alleine die Eindämmung der Steuerhinterziehung einen Haushaltsüberschuss erzeugen würde und damit die griechische Finanzkrise hätte verhindern können, wurden die steuerpflichtigen Bürger von den Finanzbehörden nicht intensiver kontrolliert. Viele Griechen bezeichnen die überdurchschnittlich hohe Steuerhinterziehung selber oft als «Volkssport». Gemäss Wirtschaftsanalyst Papadimitriou gäben nicht einmal 5000 Menschen in ganz Griechenland auf ihrer Steuererklärung ein Bruttoeinkommen von mehr als 100 000 Euro pro Jahr an, und 30% der Mehrwertsteuer würden hinterzogen, das sind dreimal mehr als im übrigen Europa.

Als Ergebnis betrug das jährliche Defizit des griechischen Staatshaushaltes seit 2003 permanent deutlich mehr als der maximale Maastricht-Wert von drei Prozent. Der Staat wirtschaftete ineffizient und nicht nachhaltig.

Ursächliche Lösung: Verbesserung der Wettbewerbsfähigkeit

Um das Problem im Kern anzugehen und einen strukturell ausgeglichenen Staatshaushalt zu erreichen, wären die Einnahmen zu erhöhen und die Ausgaben zu senken. Dies ist allerdings bittere Medizin, hiesse es doch, Steuern rigoros einzuziehen, die Steuerhinterziehung zu bekämpfen und die Produktivität zu verbessern. Gleichzeitig wäre auf der Ausgabenseite der Staatsapparat deutlich zu verschlanken und effizienter zu gestalten, die Korruption zu bekämpfen sowie Ausgaben zukunftsträchtiger einzusetzen (etwa für Bildungsinvestitionen statt Rüstungskäufen oder Konsumausgaben wie etwa Rentenzahlungen). Zudem müssten Löhne und Preise deutlich gesenkt werden, um griechische Exporte wieder wettbewerbsfähiger zu machen.

Abgesehen davon, dass es schwierig ist, für diese unpopulären Massnahmen eine politische Mehrheit zu finden, tun sich Regierende aus einem weiteren Grund schwer damit: der Time Lag zwischen dem politischen Herumreissen des Steuers und den erhofften positiven Wirkungen kann substanziell sein. Im dümmsten Fall stellt sich der Erfolg erst ein, wenn die eigene Regierungszeit abgelaufen ist. Wer wollte schon einem politischen Rivalen gönnen, die Früchte der eigenen Arbeit zu ernten? So ist es nicht verwunderlich, dass die Regierungen Griechenlands nicht den beschwerlichen, aber zielführenden Weg wählten, sondern den «Highway to Hellas» vorzogen und munter weitere Kredite aufnahmen.

Symptomatische Lösung: Weitere Kreditaufnahme

Warum konnte Griechenland so lange weitere Kredite in Form von Staatsobligationen aufnehmen? Folgende Gründe können angeführt werden:

- Zu günstige Kredite: Trotz hoher Staatsverschuldung erhielt der griechische Staat lange Zeit zu fast denselben Bedingungen Kredite wie EU-Staaten mit deutlich niedrigerer Staatsverschuldung. Die Finanzmärkte erzwangen so keinen Kurswechsel der griechischen Finanzpolitik.

- Unzureichende Sanktions- und Motivationsmechanismen bei Vertragsverletzungen: Automatische Sanktionen gegen Haushaltssünder wurden in den 1990er Jahren diskutiert, aber nicht als Teil der Verträge verabschiedet. Kurzfristig dürfen EU-Länder den Haushaltssaldo und Schuldenstand übermässig ausweiten, ohne Konsequenzen seitens der EU fürchten zu müssen. Als seit 2003 die beiden wirtschaftlich grössten Mitgliedstaaten Deutschland und Frankreich ebenfalls die Maastricht-Kriterien verletzten, wurden die Konvergenzregeln endgültig zum Papiertiger.
- Unzureichende Durchsetzung der Verträge: Die EU-Behörden haben trotz frühzeitiger Kenntnis der wirtschaftlich kritischen Lage von Ländern wie Griechenland über Jahre hinweg in wirksamer Weise weder das Verfehlen der Kriterien thematisiert noch Gegenmassnahmen gefordert.

Die weitere Kreditaufnahme zeigte unschöne Nebenwirkungen in Form von erhöhten Zinszahlungen und einer Zunahme der folgenden Defizite und Verschuldung.

Folgen der Symptombekämpfung durch weitere Kreditaufnahme

Der «Preis» der zusätzlichen Finanzierung durch Staatsobligationen war:

- Die Zinslastquote (staatlicher Zinsaufwand im Verhältnis zum BIP) ging für Griechenland mit der Einführung des Euro im Vergleich zu früheren Jahren zunächst einmal zurück, weil das Land als Teil des Euro-Raumes nun in den Genuss von deutlich geringeren Zinsen kam. Dies sandte ein verhängnisvolles Signal aus («Die Lage ist besser, der Handlungsbedarf nicht dringend»). Da Griechenland jedoch weder Haushaltsdefizit noch Staatsverschuldung verringerte, stieg die Zinslastquote wieder an. Mit Ausbruch der Finanzkrise ab 2007 begannen in hochverschuldeten EU-Ländern wie Griechenland die Risikoprämien auf staatlichen Schuldpapieren zu steigen. Damit erhöhte sich die Zinslast zusätzlich, was via Staatsausgaben das Defizit vergrösserte.
- Entgegen dem Vertrag von Maastricht, nach dem ein Euro-Land auch nach der Einführung des Euros sowohl das jährliche Haushaltsdefizit als auch den Staatsschuldenstand in Richtung der Grenzwerte von 3% und 60% abbauen muss, gelang Griechenland die Reduzierung der überschrittenen Kriterien nicht. Da das Haushaltsdefizit des Landes jedes Jahr erneut schuldenfinanziert werden musste, stieg vielmehr der griechische staatliche Schuldenstand gemessen am BIP fast jedes Jahr weiter an.

Die Wettbewerbsfähigkeit der Wirtschaft wurde durch die Schuldenwirtschaft weiter geschwächt. Als die Weltwirtschaftskrise zuschlug, wurden diese strukturellen Schwächen Griechenlands zum Albtraum. Es passierte das, was der Ökonom Rudi Dornbusch einst als «Sudden Stop» beschrieb: Der Kapitalmarkt traut dem Staat nicht mehr, und neue Anleihen können nur noch gegen deutlich höhere Zinsen platziert werden. Nachdem die Zinsen für zehnjährige Staatsanleihen im April 2010 auf über 8,5 % angestiegen waren, musste die griechische Regierung am 23. April 2010 vor dem Druck der Finanzmärkte kapitulieren und um ausländische Finanzhilfen ersuchen mit dem Ziel, eine Insolvenz und damit den Staatsbankrott abzuwenden.

Wirkungsdiagramm Die im Text besprochenen grundsätzlichen Zusammenhänge sind im folgenden Netzwerk dargestellt.

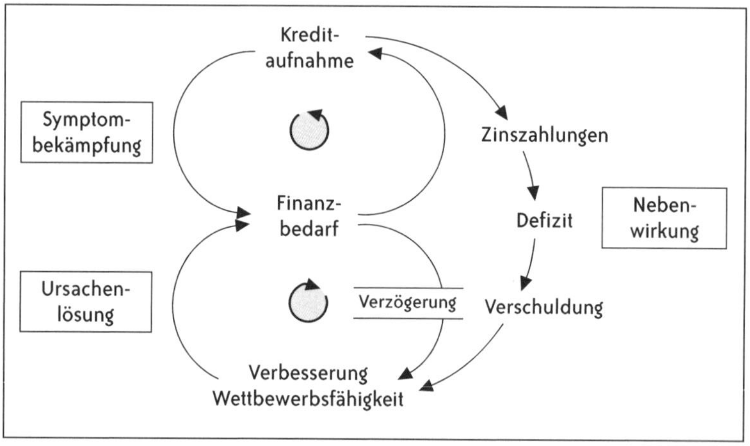

Aufgaben

(a) Markieren Sie im Netzwerk jene Pfeile mit einem Minuszeichen, welche einen negativen Wirkungszusammenhang darstellen.

(b) Um die Ursachen des Verstärkungsprozesses zu verstehen: Stellen Sie sich vor, Sie würden sich in Form der Zahl 8 bewegen, die von den zwei interagierenden Feedbackschlaufen gebildet wird: «Die Wettbewerbsfähigkeit Griechenlands sinkt, was zu einem höheren Finanzbedarf führt, worauf mehr Staatsanleihen (Kredite) aufgenommen werden, …» Ergänzen Sie die weiteren Zusammenhänge im Netzwerk mit eigenen Worten. Wozu führen die Nebenwirkungen?

(c) Beim Archetyp der Problemverschiebung kommt es durch kumulierende Nebenwirkungen der Symptombekämpfung zu einem neuen Problem, wobei das ursprüngliche Problem immer mehr aus dem Blickfeld gerät. Diese Eigendynamik spiegelt die Entstehung einer Sucht wider. Benennen Sie im Falle Griechenlands das ursprüngliche Problem, die zunehmend zum Thema werdende Nebenwirkung der Symptombekämpfung sowie die Sucht.

(d) Zeichnen Sie in einem xy-Diagramm in Abhängigkeit von der Zeit die Grössen Finanzbedarf, Kreditaufnahme sowie die Fähigkeit zur

Verbesserung der Wettbewerbsfähigkeit aus. Ziehen Sie eine Schlussfolgerung hinsichtlich der Entwicklung der letzten Variablen.

(e) Um dem Muster der Problemverschiebung erfolgreich zu begegnen, braucht es in aller Regel eine langfristige Orientierung und eine gemeinsame Vision (Kennedy: «Noch vor Ende dieses Jahrzehnts wird ein Mensch auf dem Mond landen»). Ohne starke Vision fehlt die Energie zur grundsätzlichen Problemlösung. Wie könnte so eine Vision für Griechenland aussehen?

(f) Zentrale Akteure im griechischen Trauerspiel sind die griechischen Regierungen, das griechische Volk, das diese wählt, sowie die EU. Skizzieren Sie für jede dieser Parteien, was den faktischen Staatsbankrott Griechenlands hätte verhindern können.

(g) Eine übermässige Verschuldung ist ein wirtschaftlicher Albtraum, weil die Lösungen allesamt sehr einschneidend sind. Da als Gegenmassnahme der Staat sparen muss, sinken im Inland der Staatskonsum und damit als Folge auch der private Konsum sowie die Investitionen. Dies bedeutet, dass es gleichzeitig eine Erhöhung der Exporte braucht, um eine Senkung des BIP verhindern zu können. Länder mit einer eigenen Währung können diese gezielt schwächen und damit die eigenen Güter auf den Weltmärkten verbilligen. Dies kurbelt den Export an. Als Mitglied des Euro-Raumes ist dies Griechenland nicht möglich. Beschreiben Sie, welches der einzige Weg ist, dass Griechenland seine internationale Wettbewerbsfähigkeit wieder steigern kann. Wie einfach ist dies zu erreichen?

(h) Staaten wie Griechenland, die sparen müssen, erleiden oft gleichzeitig eine Verringerung der Wirtschaftsleistung und fallen in eine Rezession. Erklären Sie, warum ein schrumpfendes BIP oft das Defizit noch verstärkt und weshalb es in der Folge kaum möglich ist, ein weiteres Defizit zu vermeiden.

(i) Die Professoren Reinhart und Rogoff haben die Schuldenkrisen der letzten Jahrhunderte untersucht. Sie sind der Meinung, dass Inflation ein probates Mittel sei, einen Schuldenüberhang abzubauen, und fänden es hilfreich für Europa, über einige Zeit 4 bis 5 % Inflation zu haben statt 1 bis 2 %. Unzweifelhaft würde dies die Schuldenquote durch die Erhöhung des nominalen BIP verringern. Was sind allerdings die negativen Folgen der Inflation?

(j) Oft bleibt bei einer exzessiven Verschuldung nur die Lösung des Schuldenschnitts («Haircut» genannt). Dabei werden die Obligationengläubiger «geschoren», das heisst, sie erleiden einen Teilverlust auf ihren Guthaben. Bei einem Haircut von fünfzig Prozent wird nur noch die Hälfte der Anleihe zurückbezahlt. Dies ist oft die einzige Lösung, welche dem verschuldeten Land durch eine substanzielle Reduktion der Schulden wieder auf die Beine hilft. Abgesehen vom Verlust für die Gläubiger: Mit welchem Problem ist der Einsatz dieses Instruments verbunden?

(k) Offensichtlich ist es sowohl für Regierungen als auch für Topmanager verlockender, mit einem Schnellschuss Probleme zu kaschieren, als für den Eigentümer einer Firma. Erklären Sie, warum, und ziehen Sie eine Schlussfolgerung für die Entlöhnung von Topmanagern.

(l) Welche weiteren Beispiele für den Systemarchetyp der Problemverschiebung kennen Sie?

(m) Stellen Sie im Umgang mit dem systemischen Übel der Problemverschiebung ein generelles Managementprinzip auf. Wie könnte so eine grundlegende Regel lauten?

3-8 EU, USA, Japan: Teufelskreis der Verschuldung

Problemstellung

Menschen sind in ihrem Verhalten oft nicht besonders nachhaltig. Rauchen, Übergewicht, Drogen und weiteres mehr senken die Lebenserwartung, generieren aber offensichtlich so viele Lusteinheiten im Moment, dass sich der Deal zu lohnen scheint. Das «dicke Ende» schreckt anscheinend nicht besonders ab. Dies gilt auch für das volkswirtschaftliche Problem der Verschuldung. Es hat sich zu einer Epidemie entwickelt und wird die grossen Wirtschaftsblöcke EU, USA und Japan noch für viele Jahre beschäftigen.

Der österreichisch-ungarische Kabarettist Karl Farkas hat einmal gesagt: «Die grösste Mehrheit auf der Welt sind die Schuldner.» Das Problem der Verschuldung ist nicht nur, dass es keine einfachen Lösungen gibt. Schulden führen zusätzlich zu mehr Schulden, das Schuldenproblem entfacht so seine eigene Dynamik. Damit sind die Zutaten perfekt für eine wahre griechische Tragödie: die Sirenenklänge der Verschuldungslogik («Konsumiere heute über deine Möglichkeiten, überlasse das Zahlen der kommenden Generation»); Defizite, die das Problem der Verschuldung generieren; eine selbstverstärkende Spirale, die nach einer gewissen Zeit in einen Strudel mündet; und das Ausbleiben der Erlösung, weil es keinen «Deus ex machina» gibt. Stattdessen bleibt nur noch die Wahl zwischen Skylla und Charybdis. Schaut man beispielhaft die Entwicklung der Schuldenquote (Verschuldung in Prozent des BIP) von Griechenland an, zeigt sich folgendes Bild:[1, 2] 1990 betrug die Quote 74 %, stieg allerdings bis 2000 auf 106 % an. Bis 2007 (104 %)

---

1 Quelle: https://de.statista.com/statistik/daten/studie/167463/umfrage/staatsverschuldung-von-griechenland-in-relation-zum-bruttoinlandsprodukt-bip/

2 Wikipedia zeigt die Entwicklung der Schuldenquoten in verschiedenen Ländern weltweit auf. Die Weltkarte zeigt, dass Verschuldung vor allem ein Problem der grossen Wirtschaftsblöcke EU, USA und Japan ist, während viele andere Länder erstaunlich gut dastehen: de.wikipedia.org/w/index.php?title=Datei:Public_debt_percent_gdp_world_map_(2010).svg&filetimestamp=20110922105219

konnte die Schuldenquote in etwa stabilisiert werden, seit Ausbruch der Finanzkrise kennt sie nur noch eine Richtung, nämlich steil nach oben: 111% (2008), 127% (2009), 147% (2010), 184% (2011). Bis 2019 konnte sie wieder stabilisiert werden (185%). Mit der Corona-Pandemie ist sie dann auf einen neuen Rekordstand von 212% geklettert (2020). Damit ist Griechenland faktisch bankrott und kann sich nicht mehr aus eigener Kraft entschulden. Die politische Lösung des Problems ist schwierig und dauert an. Und nicht nur Griechenland ist innerhalb der EU betroffen. Aucht Italien ist mit einer Schuldenquote von 155% (2020) vorne mit dabei. Die rekordhohe Verschuldung der Eurostaaten stellte 2022 mit der aufkeimenden Inflation die EZB vor ein Dilemma: Frühzeitige Inflationsbekämpfung oder Rücksicht auf verschuldete Staaten und deren Refinanzierungskonditionen?

Verschuldung ist ein volkswirtschaftliches Megaproblem. Deshalb wird es hier in mehreren Aufgaben unter verschiedenen Aspekten thematisiert. In einer ersten Perspektive geht es darum, die Systemdynamik des inhärenten Teufelskreises zu beleuchten.

Informationsgrundlage Der nachfolgende Artikel von Roland Waibel erschien im «Tagblatt» vom 3. September 2011.

Der Teufelskreis der Verschuldung: Warum Sparen ein zweischneidiges Schwert ist

(...)

Teufelskreis der Verschuldung

Staatsschulden sind das Ergebnis vergangener Defizite. Steigt die Verschuldung, gemessen beispielsweise mittels Schuldenquote (Staatsschulden in Prozent des jährlichen BIP), auf ein hohes Mass an, erscheint die Rückzahlung weniger sicher und das Ausfallrisiko erhöht sich. Die Bonität des Staatsschuldners sinkt. So hat die Ratingagentur S&P vor kurzem die Einschätzung für die USA von der Bestnote AAA auf AA+ gesenkt. Erhöht sich das Risiko, sinkt die Nachfrage nach Staatsanleihen und deren Preis, der Obligationenkurs. Bei tieferen Kursen steigt bei konstanter Verzinsung die Rendite der Papiere, und neue Obligationen können nur mit attraktiverem Zins verkauft werden. Dies erhöht die Kosten der staatlichen Refinanzierung und lässt die Staatsausgaben steigen. Vermehrte Staatsausgaben führen zu grösseren Defiziten und die Verschuldung nimmt weiter zu. Der Teufelskreis ist perfekt: hohe Schulden haben die Tendenz, die Schuldenquote weiter zu erhöhen. Staaten wie Griechenland mit einer Schuldenquote von mehr als 150% sitzen in der Schuldenfalle, Länder wie die USA mit fast 100% knapp davor. Die Ökonomen Reinhart und Rogoff haben letztes Jahr eine Analyse von 44 Ländern über 200 Jahre veröffentlicht: Danach büssen Länder, deren Staatsverschuldung über 90% des BIP beträgt, rund ein Prozent des jährlichen BIP-Wachstums ein, weil sie ihr Geld zunehmend für (unproduktive) Zinszahlungen verwenden müssen. Nicht ohne Grund hat die EU für die Aufnahme von Ländern unter anderem zwei Kriterien festgelegt: Danach sollte das Defizit kleiner als 3% des BIP sein und die Schuldenquote maximal 60% betragen. Heute würden selbst konservative Länder wie Deutschland und Frankreich die Kriterien nicht mehr erfüllen, vom Club Med (Griechenland, Portugal, Spanien, Italien) ganz zu schweigen.

Weg aus der Verschuldung: Guter Rat ist teuer

Klar ist: die Verschuldungsspirale muss gestoppt werden. Aber wie? Präsident Obama wollte auch die Staatseinnahmen über Steuererhöhungen vergrössern und damit Defizite in Überschüsse und entsprechend sinkende Verschuldung verwandeln. Vor dem Bollwerk der Tea Party musste er kapitulieren: Der

Haushalt soll ausschliesslich über Einsparungen saniert werden. Sparen und damit geringere Staatsausgaben soll als Gegengift helfen. Dies ist aber ein bitterer Trank: Sinken die Staatsausgaben, verringert sich zwar das Defizit und damit die Verschuldung. Die staatlichen Ausgaben sind aber gleichzeitig auch Teil des BIP, sodass sich bei geringerem BIP wiederum die Schuldenquote erhöht. Andere Nebenwirkungen sind jedoch viel gefährlicher: Spart der Staat und baut Stellen ab, erhöht das die Arbeitslosigkeit und damit die Verunsicherung der Bürger und verstärkt die private Sparneigung. Dies hat gesamtwirtschaftliche Folgen, weil privater Konsum und unternehmerische Investitionen sinken, die wiederum Teil des BIP sind. Über den wirtschaftlichen Transmissionsmechanismus führt staatliches Sparen so zu einer geringeren Wirtschaftsleistung mit potenziell selbstverstärkenden Effekten via höhere Arbeitslosigkeit und sich eintrübende Konsumentenstimmung.

Fazit: Sparen als zentrale Lösung des Schuldendilemmas ist ein schwieriger Weg, der auch in die Sackgasse führen kann. Die Dosierung ist sehr anspruchsvoll, damit die Verschuldung erfolgreich reduziert werden kann, ohne die Wirtschaft dabei abzuwürgen. Die Psychologie und das Vertrauen in die Politik spielen eine wesentliche Rolle, wie dies im Moment sehr stark an der Verunsicherung der Finanzmärkte spürbar wird. (...)

Wirkungsdiagramm Die im Text dargestellten Zusammenhänge sind im folgenden Netzwerk aufgezeichnet.

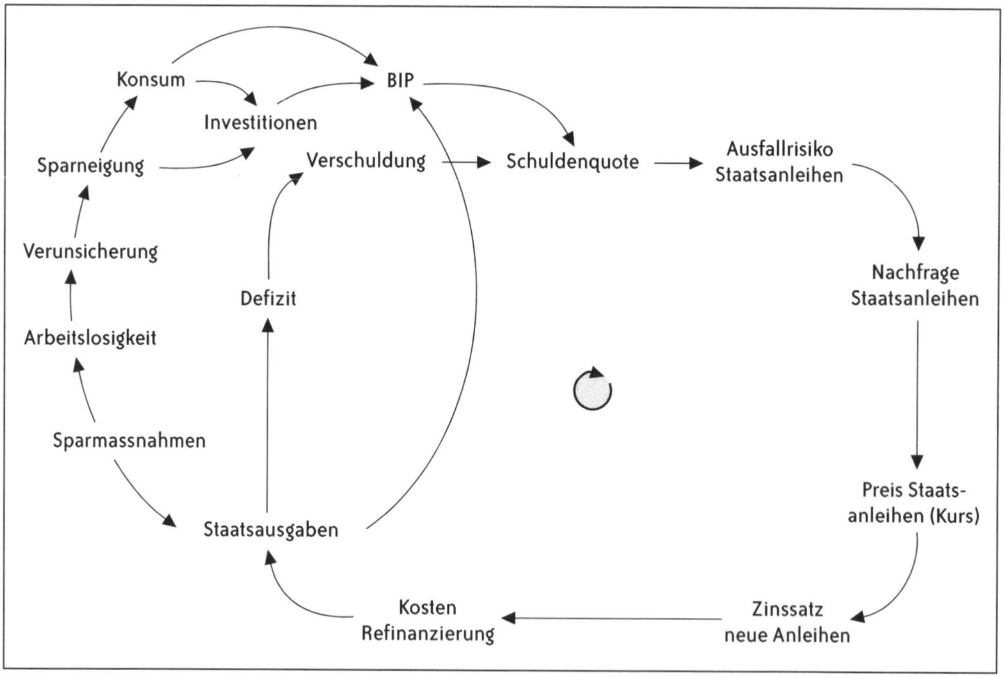

Aufgaben

(a) Markieren Sie im Netzwerk jene Pfeile mit einem Minuszeichen, welche einen negativen Wirkungszusammenhang darstellen.

(b) Bezeichnen Sie im Netzwerk jeweils die zwei bis drei wichtigsten Grössen wie folgt:
- Markieren Sie Rahmenbedingungen mit einem Rechteck.
- Unterstreichen Sie Indikatoren.
- Umrunden Sie Hebel mit einem Oval.

(c) Im Teufelskreis der Verschuldung bestehen zwei Effekte von steigenden Schulden auf die staatlichen Zinszahlungen: ein Mengen- und ein Preiseffekt. Beschreiben Sie die beiden Effekte mit eigenen Worten.

(d) Zeichnen Sie ein xy-Diagramm, in welchem Sie nur die Wirkung dieses Kreislaufs (ohne den Einfluss von Sparmassnahmen) auf die Verschuldung in Abhängigkeit von der Zeit darstellen. Ziehen Sie eine Schlussfolgerung.

(e) Warum ist es politisch so einfach, staatliche Defizite zu produzieren? Anders gefragt: Warum gibt es in vielen Ländern in den meisten Jahren ein Defizit und keinen Haushaltsüberschuss? Argumentieren Sie, indem Sie erläutern, wer am meisten von Defiziten profitiert, wer dafür bezahlt und wie stark die politischen Lobbies dieser Gruppen sind.

(f) Um die Verschuldung abbauen zu können, sind Haushaltsüberschüsse notwendig, das heisst, der Staat muss mehr einnehmen als ausgeben. Im Artikel wird argumentiert, dass dabei die alleinige Konzentration auf Einsparungen keine sehr gute Idee ist. Erklären Sie mit eigenen Worten, was das Problem von Sparmassnahmen ist.

(g) Offensichtlich gibt es keine einfache Lösung für das Schuldenproblem. Der Artikel suggeriert, dass zur Gesundung ein weiterer Hebel notwendig ist. Zeichnen Sie ihn im Netzwerk ein und nennen Sie konkrete Massnahmen.

(h) Im nachfolgenden ausgebauten Netzwerk[1] sind mit unterschiedlichen Arten von Linien drei Selbstverstärkerkreisläufe eingezeichnet. Beschreiben Sie deren Wirkung je in einem Satz (im Sinne von: «x führt zu y, was wiederum x verstärkt»). Die ausgezogenen Wirkungskreise (dünn und dick) beschreiben eine Deflationsspirale. Mit Deflation wird ein bösartiger Kontraktionszyklus bezeichnet, der die wirtschaftliche Leistung immer mehr nach unten schraubt und zu einer Depression führen kann. Dieses Schicksal droht Ländern wie Griechenland, Portugal, Spanien, Italien oder Irland, die aufgrund von Haushalts- und/oder Verschuldungsproblemen sparen sollten.

---

1 Autor: Patrik Waibel

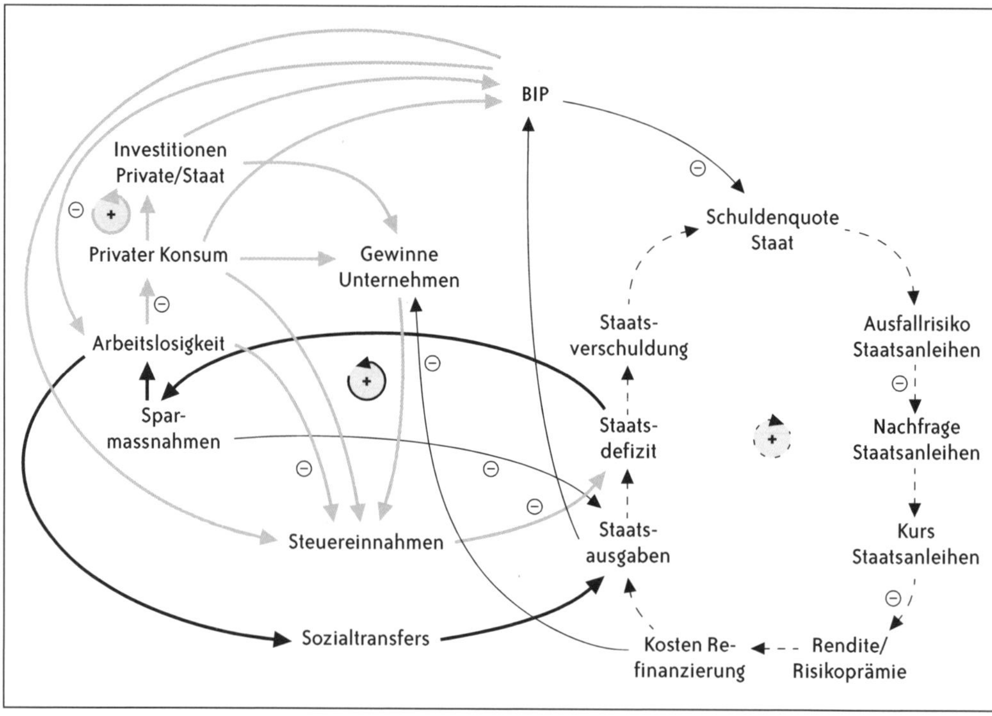

(i) Ziehen Sie ein Fazit: Warum ist Verschuldung so verbreitet? Schlagen Sie eine wirksame Lösung vor.